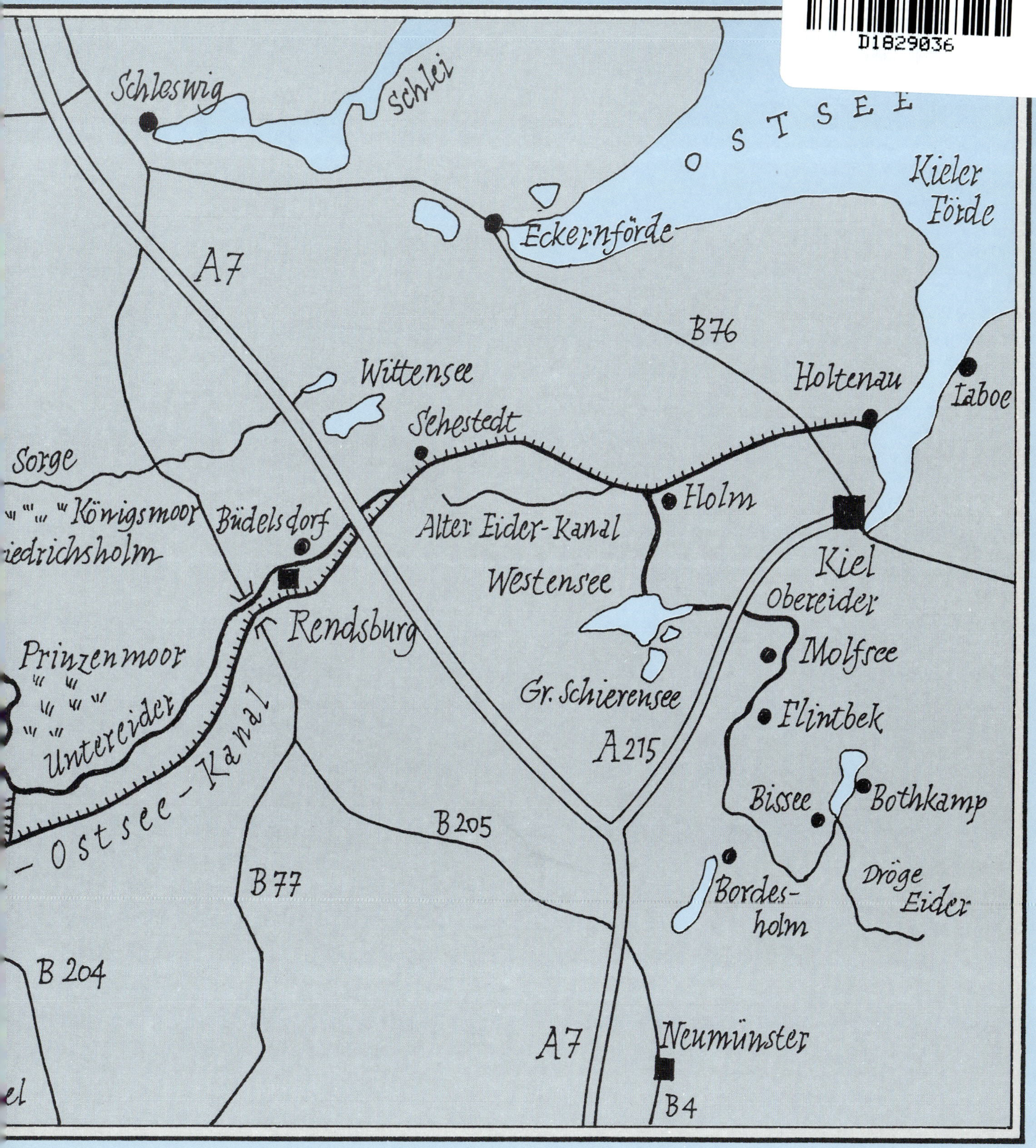
Schleswig
Schlei
OSTSEE
Kieler Förde
Eckernförde
A7
B76
Wittensee
Holtenau
Laboe
Sehestedt
Sorge
Königsmoor
Büdelsdorf
Holm
Alter Eider-Kanal
iedrichsholm
Kiel
Westensee
Obereider
Rendsburg
Prinzenmoor
Molfsee
Gr. Schierensee
Untereider
Flintbek
A215
Bissee
Bothkamp
B205
Ostsee-Kanal
B77
Dröge Eider
Bordesholm
B 204
A7
Neumünster
el
B4

Die Eider

Die Eider

Quer durch Schleswig-Holstein

Rita Gramm
Text
Achim Sperber
Fotos

Christians

Fotonachweis:

Alle Fotos – bis auf untenstehenden Ausnahmen:
Achim Sperber
Luftbilder Freigabe-Nr. 289/88 Luftbildamt Hamburg

Keystone, Hamburg: S. 46, 48, 56/57, 59

Städtisches Museum Schleswig: S. 27

Deutsche Luftbild GmbH, Hamburg:
S. 14/15, Freigabe Nr. 721/82
S. 34/35, Freigabe Nr. 702/86
S. 90/91, Freigabe Nr. 9/330 35

Archiv Christians: S. 82

CIP-Titelaufnahme der Deutschen Bibliothek

Die **Eider:** *quer durch Schleswig-Holstein / Rita Gramm, Text.*
Achim Sperber, Fotos. – Hamburg: Christians, 1988
(Land hinterm Deich)
ISBN 3-7672-1065-7
NE: Gramm, Rita [Mitverf.]; Sperber, Achim [Ill.]

Gestaltung Claus Harcken, Hamburg
Herstellung Christians Druckerei, Hamburg
Printed in Germany

Die Eider – Geheimtip für Eingeweihte

Warum in die Ferne schweifen, wenn das Gute vor der Haustür liegt? Die Eider ist zwar mit 184 Kilometern Länge der größte Fluß Schleswig-Holsteins und trägt auch den etwas hochtrabenden Namen Bundeswasserstraße, aber der Welthandel nimmt andere Wege. Die Eider ist heute eher das Revier der Freizeitkapitäne. Trotzdem, in den Urlaubsplänen der Bundesbürger taucht das Wort Eider nicht auf. Man träumt von Zielen im Ausland oder an Nord- und Ostsee. Die Eider bleibt Geheimtip für alle Eingeweihten, die abseits von den eingefahrenen Reise-Trampelpfaden Erholung suchen.

Mit dem Rad, zu Fuß, mit dem Kanu und natürlich ebenso mit dem Auto läßt sich dieses gute Stück Schleswig-Holstein erwandern und entdecken. Die Eider kurvt durch sanfte Hügelketten, große Seen, feuchte Niederungen und fette Marschweiden. Immer wieder laden Badestellen zum Schwimmen ein. Die mit sanfter Strömung dahinfließende Eider gehört zu den saubersten und fischreichsten Gewässern im Norden.

Die Orte und Dörfer an dem Ufer des Flusses verdienen die Bezeichnung beschaulich oder malerisch: Renaissance-Giebel, reetgedeckte Fachwerkhäuser und Storchennester, Herrenhäuser mit klassischer Fassade, Deiche, Brücken und alte Fähren. Und doch – einige Besonderheiten rücken das Bild von der unberührten Natur wieder zurecht.

Hier entspringt die Eider: Wald und Rapsfelder auf Gut Bothkamp, 10 Kilometer von Neumünster entfernt

Im Quellgebiet blüht der Sauerklee

So endet bei Rendsburg die Obereider im Nord-Ostsee-Kanal. Die Untereider beginnt Kilometer von dieser Stelle entfernt ihren Lauf. Beim Bau des Nord-Ostsee-Kanals trennte man den Fluß in zwei Teile, so daß heute kein Tropfen Quellwasser mehr die Nordsee erreicht.

Begradigt, vertieft, verlegt, abgesperrt – Kanalbauten, die die begehrte Verbindung zwischen Nord- und Ostsee schufen, veränderten das Gesicht der Eider. Der 1784 eingeweihte «Schleswig-Holsteinische Kanal» machte den Anfang. Die Eider war damals der längste Abschnitt der neuen Schiffahrtsstraße. Ihn löste 1895 der Nord-Ostsee-Kanal ab. Die Eider verlor ihren Wert als Transportweg. Bereits 1866 hatte sie als Grenzfluß zwischen Schleswig und Holstein ausgedient, weil unter preußischer Verwaltung die beiden Herzogtümer wieder vereint wurden.

Die Eider mündet bei Hohenhude in den romantischen Westensee

Es gibt sie noch, die alten Alleen – bei Felde am Westensee

Begonnen hat die wechselvolle Geschichte des Flußes in grauer Vorzeit als Eismassen das Land bedeckten. Dreimal schob sich in den vergangenen 600 000 Jahren das weiße Eisgebirge von Skandinavien nach Schleswig-Holstein vor. Gewaltige Gletscher erstreckten sich von Finnland bis nach Deutschland. Während des Jahrhunderte dauernden Vordringens brachte das Eis Geröll von den Aaland-Inseln, aus Mittelschweden, von Gotland und vom Oslo-Fjord mit. Als der Eispanzer mehr und mehr abschmolz und nach Norden zurückwich, blieben die Felsbrocken, Sand und Kies liegen. Das ablaufende Schmelzwasser grub tiefe Rinnen: die heutigen Flüsse und Förden.

Eine ungewöhnliche Begegnung: Nord-Ostsee-Kanal und Eider bei Schülp

Der Nord-Ostsee-Kanal ist eine der meistbefahrenen Wasserstraßen der Welt; im Bild ein türkisches Frachtschiff und das Rendsburger Lotsenboot

Das Schilf- und Sumpfgebiet der Eider im Dellstedter Moor ist ein Refugium für bedrohte Pflanzen und Tiere

Wer denkt da nicht an Holland – eine Gracht in Friedrichstadt

Das Eidersperrwerk – aus der Luft zeigt sich die imponierende Größe des Flutschutzbaus

Hungrige Möwen verfolgen einen Krabbenfischer in der Eidermündung

Ein feuchter Lebensraum
– Quellwald mit Sümpfen bei Löhndorf

Der Name – ein Meeresgott stand Pate

Jeder Fluß hat seine Zu- und Beinamen: Alte, Dröge, Unter- und Obereider. Eiderkrug, Eiderdänen, Eiderenten, Eiderd(a)unen, Eiderschweiz, Eiderkanal, Eidersee, Eiderdeich, Eiderschiffahrt, Eiderstein, Eiderschleife, Eidersperrwerk, Eiderabdämmung, Eiderstedt, Eider-Camping, Eidertal, Eiderniederung. Manches erklärt sich von selbst, anderes hat seine eigene Geschichte

Fangen wir mit «Eider» an. Beim ursprünglichen Namen stand einst die nordische Sagenwelt Pate: Aegyr Dör, Tür des Meeresgottes Ägir. Aus zwei mach eins – im Laufe der Jahrhunderte haben sich die Wörter abgeschliffen.

Ober- und Untereider, das ist wie Unter- und Oberelbe oder wie Ober- und Unterlauf des Rheins. Daß H_2O (Chemische Formel für Wasser) alt und drög sein kann, ist für Wissenschaftler unglaublich, bei der Eider aber möglich. «Dröge Eider», von der Quelle bis zum Eintauchen in den Bothkamper See trägt der größte Fluß Schleswig-Holsteins dieses wenig schmeichelnde Adjektiv. Wer nach einer logischen oder historischen Erklärung sucht, wird enttäuscht. Munter windet sich der Bach Eider durch die Landschaft, nirgendwo ist er trocken. – Denn trocken heißt die wörtliche Übersetzung des Wortes drög aus dem Plattdeutschen in das Hochdeutsche. – Auch die Geschichte der Region weiß nichts zu erzählen von Wasserknappheit, Dürreperioden und drögen Flußläufen.

Die «Alte Eider» hingegen hat ihr in Urkunden festgehaltenes Schicksal. Für den Bau von schiffbaren Kanälen mußte sie Wasser spendieren, ihr Flußbett aufgeben und zu guter Letzt sogar sich teilen lassen. Es begann mit dem Bau des alten Eider-Kanals (1777 bis 1784) und wurde vollendet durch den Nord-Ostsee-Kanal (er löste 1895 den ersten Kanal ab).

„Urwald“ im Quellgebiet der Eider

Bei Rendsburg trennt heute der Nord-Ostsee-Kanal die Ober- von der Untereider. Den ursprünglichen Flußlauf, der früher hier von links nach rechts, von Norden nach Süden durch die Landschaft kurvte, gibt es an dieser Stelle nicht mehr. Die Reste des alten Flußbettes, teilweise noch mit Wasser gefüllt und als Sportboothäfen genutzt, tragen den Namen «Alte Eider».

Der Eiderkrug ist natürlich nicht derjenige, der so lange zu Wasser geht bis er bricht, sondern ein Gasthaus gelegen an der Eider. Eiderschweiz nennt man – vielleicht etwas großspurig – das Gebiet rund um den Oberlauf des Flusses, wo er sich durch drei große Seen hindurchschlängelt. Mit 7,5 Quadratkilometern Fläche ist der Westensee das größte dieser Gewässer. Zieht die Eider ihre Bahn durch flaches Gelände, so heißt das beim Oberlauf Eidertal, im Unterlauf aber Eiderniederung.

Große Eichen an der Straße nach Bordesholm

Sieben Nebenflüßchen zählt man bis zum Nord-Ostsee-Kanal. Sechzehn Nebenläufe speisen die Eider von Rendsburg bis Tönning. Die größten natürlichen Nebenflüsse sind Treene und Sorge. Und nicht zu vergessen: die Entwässerungsgräben der Moore und Marschwiesen. Sie leiten vergleichsweise große Wassermengen in die Eider ab.

Eiderabdämmung, Eiderdeich und Eidersperrwerk – den Sturmfluten wird ein Riegel vorgeschoben. Harmlos und gemächlich fließt sie normalerweise durch die Landschaft, aber wehe wenn Orkanböen die Nordsee hochpeitschten. Noch bis 1936 war Rendsburg dann bedroht: «Land unter» hieß es bei Sturmfluten mitten im Landesinneren. Und die Eiderüberschwemmungen hatten in den vergangenen Jahrhunderten immer verheerendere Ausmaße angenommen. Angefangen hatte es mit den Schleusen, die 1560 die Gezeiten aus der Treene verbannt hatten. Nun war man an den Gestaden der Treene die Sorgen los. Dafür mußten die Menschen an der Eider büßen. Bei Sturmfluten konnte die Eider nicht mehr einen Teil der Wassermassen in die Treene abgeben. Die Folge: Die Eider trat häufiger als vorher über die Ufer. Gegen 1630 schottete man auch die Sorge durch die Steinschleuse zwischen Süderstapel und Erfde ab. Die Folge: Die Eider trat häufiger über ihre Ufer als vorher.

Mit dem Bau der Kanäle spitzte sich die Lage zu. Man mußte die Eiderdeiche auf 1,70 Meter erhöhen. 1936 errichtete man schließlich die Eiderabdämmung bei Nordfeld. In Rendsburg atmete man auf, die Sturmfluten tobten nun nicht mehr vor den Haustüren. Tönning und Friedrichstadt aber blieben weiterhin bedroht. 1973 wurde endlich das Eidersperrwerk, als vorläufig letzte Maßnahme gegen die Flutwellen, in Betrieb genommen. Bei der großen Sturmflut von 1976 hatte es seine erste, erfolgreiche Bewährungsprobe: In Tönning und Friedrichstadt machte nur der Regen die Gehsteige naß.

Auf der Landkarte sieht man es deutlich. Schleswig-Holstein hat eine Nase, und die heißt Eiderstedt.

Alter Bauernhof in Bissee am Bothkamper See

Benannt wurde diese Halbinsel nach dem Fluß, der sie südlich begrenzt. Sie mißt 40 Kilometer in der Länge und 12 Kilometer in der Breite. Die östliche Begrenzung läuft entlang der Eisenbahnstrecke zwischen Friedrichstadt und Husum. Zusammengewachsen ist das fette, fruchtbare Weide- und Ackerland Eiderstedts aus ursprünglich drei Inseln im Wattenmeer.

Eider-Camping hat viele Freunde, denen es an Möglichkeiten nicht mangelt. Die Plätze für Zelte und Wohnwagen sind überall am Eiderufer nur wenige Flußkilometer voneinander entfernt. Die Eiderschiffahrt, einst wichtigstes Transportmittel zwischen den Meeren, beschränkt sich heute auf langsam tukkernde Touristendampfer, Motor-, Paddel-, Ruder- und die unvermeidlichen Tretboote. Jollensegler finden in den breiten Eiderschleifen ein ungefährdetes, dafür aber um so romantischeres Revier.

Der Eiderstein ist eine Rendsburger Spezialität. «Eidora Terminus Imperii Romanii» – die Eider sei

Nur wenige Kilometer vom Eider-Quellgebiet entfernt: die lebendige Innenstadt von Neumünster

Die ersten Meter der Eider bei Klein-Buchwald

Ein Paradies für Wasser-Wanderer – Kajaktour auf der „Drögen" Eider

die Grenze des Römischen Reiches Deutscher Nation, bestätigte vor 1200 Jahren Kaiser Karl der Große, verzichtete auf Expansion seines Reiches, und überließ den damals recht kriegerischen Dänen den nördlichen Teil der cimbrischen Halbinsel, wie Schleswig-Holstein und Jütland, zu jener Zeit hießen. Das holsteinische Tor der späteren Festung Rendsburg wurde im 18. Jahrhundert mit einem Stein dieser lateinischen Inschrift geschmückt. Der Eiderstein ist heute im Kopenhagener Zeughausmuseum zu besichtigen.

Eiderdänen, eine nationalistisch-chauvinistische Bewegung im Herzogtum Schleswig, agierten und propagierten vor dem deutsch-dänischen Krieg von 1864 die staatsrechtliche Vereinigung Schleswigs mit Dänemarks, wo sie sich selbst als Nationalliberale titulierten.

Und die Eiderente? Das kluge Schnattertier hat seinen Namen offenbar blindem Schicksal zu verdanken. Selbst der eifrige Brehm hat es versäumt, die Herkunft des Namens zu klären. Mit der Eider hat die Somateria mollissima L. auf jeden Fall nichts am Hut, den sie lebt vorwiegend auf dem Meer. Denn als Angehörige der Familie der Tauchenten liebt sie freies und tiefes Wasser. Lediglich zum Brüten bequemt sie sich in Süßwasserregionen. Hoch im Norden, also bei Grönland, Island, Spitzbergen und in West-Norwegen fühlt sie sich am wohlsten. Nur ganz vereinzelt trifft man sie auch auf den Nordfriesischen Inseln. Die Menschen haben Jahrhunderte lang aus den Daunen, mit denen das fleißige Tier seine Nester polstert, Bett- und Kissenfüllungen hergestellt, die auch Wilhelm Busch als Eiderdaunen bekanntlich sehr schätzte.

Erpel der Prachteiderente

Die Geschichte – Hindernis für wasserscheue Kühe

Idyllische Morgenstimmung am Bothkamper See

«Es gibt nur drei Menschen, die sich in der schleswig-holsteinischen Frage auskennen», sagte der als scharfsinniger Zyniker bekannte britische Außenminister Lord Palmerston vor dem Unterhaus in London. «Der eine war Prinz Albert, aber der ist leider tot. Der zweite, ein deutscher Professor, ist darüber verrückt geworden. Und ich selbst, ich hab's, gottlob, vergessen.» Und weil die Geschichte der kleinen Herzogtümer so kompliziert ist, wird der verehrte Leser uns nicht verübeln, wenn wir es mit Palmerston halten und uns nur auf das Wichtigste beschränken.

Es gibt sie noch – Fischer auf der Eider

Die Eider hat von Anfang an eine bedeutende Rolle gespielt in der politischen Auseinandersetzung, im Hin- und Herwogen der Völker von Norden nach Süden und umgekehrt. Über Jahrhunderte bildete sie die Grenze zwischen Schleswig und Holstein, zwischen Dänemark und Deutschland. Aber selbst dies ist staatsrechtlich eine sehr kecke Feststellung, denn die Situation änderte sich am laufenden Band. Mal zogen die Dänen über die Eider gen Süden, mal eroberten die Deutschen den Norden. Mal war das Land mit dem Bindestrich Schleswig-Holstein unabhängig und gehörte doch zu Dänemark.

«Schuld» an dem historischen Tohuwabohu war unter anderem die Eider, denn sie taugte als Grenzfluß nicht viel. Zu schmal, zu zahm, zu flach, allenfalls ein Hindernis für wasserscheue Kühe und Nichtschwimmer. Die Wikinger und auch Wallenstein mit seinen Heerscharen setzten in Eilmärschen über die Eider.

Vertrackt war die Lage der Herzogtümer soweit man zurückblicken kann. Schier Unmögliches wurde versucht: Einerseits gehörte Schleswig staatsrechtlich zu Dänemark und Holstein zum «Heiligen Römischen Reich deutscher Nation», andererseits sollten Schleswig und Holstein auf ewig ungeteilt, also vereint, sein. Wie heißt es doch so schön im 1460 geschlossenen Vertrag von Ribe: «Dat se bliven ewich tosamende ungedeelt.» Das war natürlich Anlaß zu permanenten politischen Konflikten. Machtgelüste hie, verzwickte Verwandschaftsverhältnisse dort, trennten zeitweise Schleswig und Holstein nicht nur in zwei, sondern in drei oder mehr Territorien.

Schlug man sich einmal zufällig nicht um Schleswig und Holstein die Köpfe gegenseitig ein, so rasten die großen europäischen Kriege durch das Land. Der Dreißigjährige, der Nordische Krieg, die napoleonischen Eroberungszüge – sie alle brachten die Bevölkerung der Herzogtümer an den Bettelstab. Erst Ende des 18. Jahrhunderts mit dem Aufkommen des Nationalismus' in Westeuropa bahnte sich allmählich die Lösung der verzwickten Verhältnisse an.

Aber bevor man endlich den Schlußpunkt setzen konnte, spitzte sich die Lage noch einmal zu. Die Eiderdänen riefen: «Dänemark bis an die Eider», versuchten die deutsche Sprache in Schleswig abzuschaffen und im gleichen Abwasch sich Holstein einzuverleiben. Die Deutschen empörten sich: «Schleswig muß vom Joche Dänemarks befreit werden.» Mit der sogenannten «nationalen Erhebung» von 1848 begann es: Krieg zwischen Dänemark und den Schleswig-Holsteinern, auf deren Seite später die Preußen und Österreicher eingriffen. 1886 war das Land unter dem preußischen Adler geeint. Die Eider wurde ihre lästige Rolle als Grenzfluß los. Seit 1949 ist Schleswig-Holstein das nördlichste Bundesland der Bundesrepublik Deutschland.

Ein imponierender Anblick: das Torhaus von Gut Bothkamp

Die Obereider – Mäander, Mönche und Mus(e)en

Barocke Schnörkel und spitze, schroffe Gipfel sucht man vergebens, auch wenn Schleswig-Holstein sich ein paar Meter über den Meeresspiegel erhebt. Understatement muß schließlich gewahrt bleiben: Diese Landschaft stapelt tief. Statt Zugspitze und Neuschwanstein, sanft schwingende Hügel, weite Ebenen und stattliche Herrenhäuser mit klar gegliederten Fassaden, wo sich seit Jahrhunderten der schleswig-holsteinische Adel die Klinke in die Hand drückt. Nicht zu vergessen die Knicks, jene Baum- oder Buschhecken, die Rapsfeld von Rapsfeld, Weizen- von Roggenfeld oder Kuh- von Pferdeweide trennen. Hügel, Herrenhäuser und Knicks – sie prägen Ostholstein.

Auf Gut Bothkamp, rund zehn Kilometer nordöstlich von Neumünster und zwölf Kilometer südlich

Abendstimmung am Bothkamper See

von Kiel, entspringt die Eider. In der Nähe der Quelle weist die Landkarte die «außerordentliche» Höhe von 50 Metern aus: Ein wahrlich schleswig-holsteinisches Maß – nur nicht zu hoch hinaus. Aber klein, fein und bescheiden geht's auf unserer Welt nur selten zu. Öfter greift man zu den Sternen. Berühmt war Gut Bothkamp einst wegen seiner privaten Sternwarte, von wo ab 1870 ins All geblickt wurde. Hier entdeckte ein Dr. de Ball den Planetoiden Athamanthis. Immerhin eine schöne Genugtuung für Friedrich Gustav von Bülow, der sich seine Sternwarte die damals beinahe exzentrische Summe von 750 000 Reichsmark hatte kosten lassen. Er, der Herr, über das damals mit 6000 Hektar größte Gut Schleswig-Holsteins konnte es sich jedenfalls leisten, zum Zwecke der Wissenschaft ein Scherflein zu erübrigen.

Aus jenen Tagen erzählt man sich auch folgende Anekdote: Drei jungen Mädchen vom Hof Bothkamp stellte der Herr Pastor während des Konfirmationsunterrichts die eher geistig gemeinte Frage: «Was ist das größte Gut auf Erden?» Die prompte Antwort der jungen Ladies: «Bothkamp.»

Verändert hat sich seitdem einiges. Der Besitz ist bescheidener geworden, und die Sternwarte existiert nicht mehr. Das mächtige Herrenhaus aber – es erhielt sein heutiges Aussehen um 1700 – blickt noch wie eh und je über den Bothkamper See, durch den die Eider fließt. «Dröge Eider» hat man sie hier getauft. Aber richtig drög (trocken) ist sie selbstverständlich nicht (Wie könnte sie auch?), nur eben ein junger, etwas mickriger Bach, der die beiden Dörflein Bissee und Brügge streift. In den reetgedeckten

Die mäandrierende Eider bei Bordesholm

Häusern wohnen jetzt nicht mehr ausschließlich Bauern. Die Nähe zu Kiel macht sich bemerkbar. Lehrer und sonstige «Bildungsbürger» haben ihre Liebe zu Resthöfen und Katen entdeckt, sie aufgekauft und restauriert. Der neue Schick ist in die Orte eingezogen: «Antik-Hof» mit Gastronomie in Bissee. Alte Möbel und Schränke bietet man auch in Brügge feil, wo außerdem drei Gasthöfe nicht schlecht vom regen Ausflugsverkehr leben. Hier an der Eider in Brügge soll übrigens ein Pastor Harries (gestorben 1802) das deutschtümelnde Gedicht «Heil dir im Siegerkranz» ersonnen haben.

Bei Bissee gluckert die Eider wieder aus dem Bothkamper See und verliert ihren Namenszug «drög». Vom Dorf Brügge ist es nur einen Katzensprung bis Bordesholm, dem geschichtsträchtigsten Ort der näheren Umgebung.

«Stau am Bordesholmer Dreieck», so ist uns der Name aus den Verkehrsnachrichten geläufig. Die biedere Stadt mit ihren 6000 Einwohnern sorgte früher für ganz andere Schlagzeilen. Mönche des Augustiner-Chorherrenstiftes von Neumünster errichteten zwischen 1327 und 1332 auf der Insel im Bordesholmer See ihr neues Kloster. Diese Brüder waren nicht nur fromm, sondern auch arbeitsam und sehr geschäftstüchtig. Heute ist ihr Nachlaß leider in alle Winde zerstreut, denn nach Luthers Reformation war es in Holstein aus mit der alten Klosterherrlichkeit. Ihre umfangreiche Bibliothek mit zahlreichen, wertvollen Handschriften ist jetzt – soweit noch vorhanden – in Kiel und Kopenhagen archiviert.

Ihre Ländereien hatten die Mönche damals in weiser Voraussicht bereits zum größten Teil an die Rantzaus auf Gut Bothkamp veräußert. Als sie im Jahre 1566 vor der neuen lutherischen Glaubensrichtung flüchten mußten, nahmen die geistlichen Brüder an

Der Bordesholmer Altar, eines der bedeutendsten Kunstwerke Schleswig-Holsteins

weltlicher Habe aus Kloster und Kirche alles mit, was nicht niet- und nagelfest war. Eines ihrer schönsten Stücke mußten sie allerdings bei ihrer unfreiwilligen Reise in den Süden zurücklassen: den «Bordesholmer Altar». Ihm wurde ein anderes Schicksal zuteil. Auf herzogliche Anordnung zog er 1666 in den Schleswiger Dom um, wo er noch heute zu bewundern ist.

Kunsthistoriker rühmen den «Bordesholmer Altar» wegen seiner Individualität und seines Einfallsreichtums. Hans Brüggemann (geboren 1480, gestorben 1540) hat sieben Jahre lang, von 1514 bis 1521, an den 400 Einzelfiguren des Altars gearbeitet. Es wird berichtet, daß der Künstler während seiner Arbeit am Ostufer des Bordesholmer Sees gesessen hat und dort auch das 16 Meter hohe Kunstwerk vollendet hat.

Nach dem Fortgang der Mönche belebten noch für ein Jahrhundert Lehrer und Schüler einer neugegründeten humanistischen Gelehrtenschule die ehrwürdigen Klostergemäuer. Als jedoch 1665 in Kiel die Universität aus der Taufe gehoben und nach dem Landesvater Herzog «Christian Albrecht» benannt wurde, zogen Bücher, Gelehrte und Gelder um an die Förde. Herübergerettet ins 20. Jahrhundert hat sich nur die Klosterkirche des 14./15. Jahrhunderts. Der gotische Backsteinbau überragt in seiner bedeutenden Wuchtigkeit alle Dorfkirchen Ostholsteins.

Die Eider hat sich nie ganz nach Bordesholm hineingewagt, denn bei Brügge schlägt sie einen Haken nach Norden zur Kieler Förde hin. «Die Gegend hier gilt für die hübscheste der sogen. Eiderschweiz» schwärmt Henning Oldekop 1908 in seiner Topographie des Herzogtums Holstein. Vorbei an sanften, um die 50 Meter hohen Hügel, durch lichte Wäldchen, feuchte Wiesen und Moore schlängelt sich die Eider. Ständig ändert sich vom Fluß aus die «Fernsicht»: Mal sind die Ufer dicht bewachsen, mal begrenzen Bäume den Lauf, mal ist das Tal eng und schmal, mal weit und geräumig.

«Für nachträgliche Regulierung der Eider bei Schmalstede sind seitens der Obereider-Entwässerungsgenossenschaft kürzlich 600 M nachbewilligt.» Erfährt man ebenfalls bei Oldekop. Niemals konnte sich die Eider so richtig ausruhen. Jedes Jahrhundert hatte für das Flüßchen kleine Überraschungen parat. Man verlegte das Flußbett von Osten nach Westen und umgekehrt. An anderer Stelle hub man Sand aus, damit Boote eine Untiefe ohne Mühe passieren konnten. Und immer wieder befestigte man die Ufer. Das

Linke Seite: Die Eider im Wald bei Flintbek

Ein Gesicht wie eine Landschaft: Fischer am Westensee

Unten: Historische Linde in Bordesholm

Am Freilichtmuseum Molfsee fließt die Eider vorbei

alles geschah sogar am wenig bedeutenden Oberlauf. Trotzdem: Es scheint alles geblieben wie zuvor – harmonisch, friedlich und naturbelassen. Auch die Dörfer haben ihre freundliche Atmosphäre nicht eingebüßt.

Wenn man im späten Frühjahr entlang der Obereider wandert, dann sollte man tunlichst gelbe Blusen, Kleider, Hosen und Röcke zu Hause im Schrank hängen lassen: Die Rapskäfer sind ausgeschwärmt und wissen nicht, Blüten und Blusen zu unterscheiden. Hier, im ostholsteinischen Hügelland, hat nämlich die Margarinepflanze ihre Heimat. Über 80 Prozent der schleswig-holsteinischen Rapsanbauflächen befinden sich an der der Ostsee zugewandten Hälfte des meerumschlungenen Landes. Dafür gibt es gute Gründe. Schon in der Schule haben wir gelernt, daß nur dumme Bauern keinen Fruchtwechsel vornehmen. Der Kluge – so sagten Justus Liebig und Albrecht Thaer im vorigen Jahrhundert – baut nicht Jahr um Jahr an gleicher Stelle Weizen an. Er denkt sich besseres aus, damit seinem Acker nicht immer die gleichen Nährstoffe entzogen werden, und er sich erholen kann. Zum Beispiel steigt er um auf Raps, den er heutzutage mit dem Mähdräscher ernten kann. Und da im Hügelland die Höfe nicht zu klein sind – mit ihren durchschnittlich 60 bis 80 Hektar zählen sie zu den mittel- bis großbäuerlichen Betrieben – ist der Einsatz von Maschinen lohnend.

Aber nicht nur der Raps ist typisch für diese ländliche Region. Es ist zusätzlich die Landschaft der Knicks. Sie dienen als Zäune, Windschutz und Tierparadies. Auf einem klcinen Erdwall pflanzt man Buschwerk an, und fast fertig ist der Knick. Den wichtigen Rest besorgt die Natur. Die Haselnußsträucher, Hainbuchen, Eschen- und Ahornarten treiben und wachsen zur bunten Hecke.

Ein schönes Ensemble: Bauernhof und herrschaftliches Torhaus im Freilichtmuseum

Fleet eines Bauernhauses in Molfsee

Damit die Schwarz-Bunte nicht zum Nachbarn wechselt, die Pferde nicht auf fremden Weiden Gras rupfen, versperren ihnen Dornen-Knicks den Weg: Schleh- und Weißdorn, Rosen- und Brombeersträucher, die wunderliche Raritäten entwickeln. Wissenschaftler haben inzwischen in den Wallhecken bis zu 140 verschiedene Brombeerarten entdeckt, von denen zehn nirgendwo anders auf der Welt als eben in den schleswig-holsteinischen Knicks zu finden sind.

Die Geschichtenschreiber und Märchenerzähler behaupten zwar, daß sich Has' und Igel in Buxtehude treffen, in Wahrheit aber sagen sich die beiden in den Knicks gute Nacht. Meister Lampe versteckt sich dort, während seinem stacheligen Kollegen die Mahlzeit aufgetischt wird, denn Insekten aller Art gehören zu den häufigsten Bewohnern der Hecken. Fasan und Rebhuhn lassen sich gern im Schutz des Dickichts nieder.

Besonders heiß begehrt sind die sogenannten Redder. Redder nennt man jene Feldwege, die rechts und links von Knicks gesäumt werden. Brüten auf tausend Meter normaler Knicklänge durchschnittlich 30 Vogelpaare, so erhöht sich die Zahl beim Redder bis hin zum Sechsfachen. Damit das alles so bleibt, müssen die Knicks regelmäßig gepflegt werden. Alle sieben bis zehn Jahre setzt man die Sträucher «auf den Stock», das heißt man schneidet sie bis auf einen kleinen Holzstrunk zurück. Die Büsche treiben neu aus. Ließe man sie wachsen, dann würden aus Ahorn und Hainbuchen mächtige Bäume, die nicht als Hecke taugen und wenig schützende Wildnis für Niederwild und Singvögel bieten. Ohne Arbeit eben kein vernünftiges Gestrüpp. So manche Bauern machen es sich deshalb leicht: Knick weg, Maschendrahtzaun gezogen.

Viele Bauernhäuser und Katen bewohnen heute Städter. Manche dienen nur als Feriendomizil. Die Bauern liebäugeln indessen mit modernen Bauten, wo für Mähdräscher und Trecker ausreichend Platz ist, wo Stall und Wohnräume getrennt sind. Vor über zwanzig Jahren hat Professor Alfred Kamphausen angefangen, diese «lästigen Denkmäler» einzusammeln und in Molfsee, fünf Kilometer von Kiel, originalgetreu wieder aufzubauen. Das 1961 begonnene und vier Jahre später eröffnete «Schleswig-Holsteinische Freilichtmuseum» orientiert sich an den großen skandinavischen Vorbildern bei Stockholm, Oslo, Aarhus, Kopenhagen und Helsinki. Unsere nördlichen Nachbarn retteten schon Ende des 19. Jahrhunderts alte Höfe vor der Spitzhacke, indem sie sie sorgfältig an der ursprünglichen Stelle abtrugen und im Museum wiederherstellten.

Nun hat auch Schleswig-Holstein seinen «Gnadenhof» für altgediente Häuser. Auf gut sechzig Hektar stehen inzwischen über sechzig verschiedene Gebäude aus allen Himmelsrichtungen des Landes: Mühlen, Bauerngehöfte, Schmiede, Meierei – das Museum ist ein Dorf, wo lebende Kühe, Schweine, Hühner und Dorfteiche nicht fehlen dürfen. Mit dem Museumsführer in der Hand wandert man hier durch das ganze Land. Schaut sich unter mächtigen Reetdächern in Ställen und Wohnräumen um und ahnt wieviel beschwerlicher noch vor 50 Jahren das tägliche Leben auf dem Lande war. Die Eider kreuzt in Molfsee im Museum unseren Weg.

Aus der Schublade zum Leben erweckt: Das Torhaus, durch das man das Museum betritt. Der Eutiner Hofbaumeister Georg Greggenhofer entwarf es um 1700 für das Gut Deutsch-Nienhof am Westersee. Torhäuser wie dieses, mit Mittelturm und geschwungenem Dach, gehören traditionell genauso zu schleswig-holsteinischen Gütern wie das Herrenhaus. Ställe, Remisen und Bedienstetenwohnungen waren hier normalerweise untergebracht. Im Museum darf man in der Toreinfahrt den Eintritt berappen. Obwohl schon hochbetagt ist die fast 300 Jahre alte Schmide vom Gut Deutsch-Nienhof noch nicht in Pension gegangen. Sie wurde ebenso wie das alte Backhaus wieder in Betrieb genommen.

Beim Streifzug durchs Museum kann man mühelos und gemütlich in drei Stunden von Lauenburg über Dithmarschen und Schleswig nach Angeln spazieren, denn die Gebäude sind nach Landschaften «sortiert». Auch auf dem Stapelholmer Geestrücken, der sich in Wirklichkeit plötzlich in die Eider-Treene-Niederung hineinschiebt, kann man sich umtun. Besonders altertümlich und kostbar: die Firstsäulenscheune aus Süderstapel. Die Steinzeit läßt grüßen, denn schon unsere Vorfahren mit den obligatorischen Faustkeilen in der Hand bauten so: An beiden Enden des rechtwinkligen Raumes stehen auf der Mittelachse zwei knorrige Eichenstämme. Oben faltet sich die gewachsene Astgabel zu einer zweizinkigen Forke auf, die den Firstbaum trägt. Auch wenn diese Scheune nur gut 200 Jahre auf dem Buckel hat, die Denkmalschützer mußten arg suchen, bis sie ein Exemplar dieser Gattung entdeckten. Drei machten sie schließlich ausfindig; eins davon konnten sie fürs Museum retten.

Einfacher verhielt es sich mit dem 300 Jahre alten «Hof Andresen». Der imposante Fachwerkbau stand noch vor 15 Jahren neben der Kirche des kleinen Storchendorfes Bergenhusen, und mußte «nur» Stein für Stein abgetragen werden. Ganz neu und bereits im Museum: Die Stapelholmer Bauernglocke in Molfsee ist kein antikes Original. Wenn man echte Alte bewundern will, muß man nach Seeth, Erfde, Süderstapel oder Drage fahren. Diese Bauernglokken läuteten früher bei Feuersbrunst und anderen Katastrophen. Aber auch bei banaleren Anlässen schallten sie durchs Dorf, wenn zum Beispiel der Bürgermeister oder andere Herrschaft die Stimme ans Volk richten wollte.

Bauer an der „Klöndör“, typisch für Norddeutschland

Man kann über Stunden im «Schleswig-Holsteinischen Freiluftmuseum» auf Entdeckungsreise gehen und hat doch nicht alles gesehen: Wind-, Bock- und Wassermühlen, Fischerhütten, Weber- und Schusterkaten, Meierei und Reeperbahn. Theodor Storm trifft man zwar nicht persönlich, aber in der alten Kate von 1650 aus Elsdorf-Westermühlen wohnte einst sein Onkel. Storm beschreibt sie in der Novelle «Auf dem Schloß». Wie ein Pfarrer vor mehr als 400 Jahren lebte, erzählt das älteste Haus in Molfsee, das Pfarrgebäude aus Grube (Ostholstein) von 1569: Er teilte sein Reich mit dem Vieh, und mußte wohl zwischen zwei Gebeten die Kühe melken und die Schweine füttern.

Vom Museum fließt die Eider nun in die größte Stadt Schleswig-Holsteins. Zieht dort mit leichter

Die Eider streift die Landeshauptstadt Kiel in den Außenbezirken, ehe sie sich nach Westen wendet

Strömung durch den flachen Schulensee, nach dem der Villenvorort der Landeshauptstadt seinen Namen hat. Eigentlich könnte sie von hieraus flink zur Kieler Förde eilen. Es sind nur wenige Kilometer. Aber, ein kleiner Höhenzug versperrt ihr den Weg zum nahen Ostseewasser. So biegt sie gen Westen ab.

Kieler Sprotten, Kieler Anzug, Kieler Yacht-Club und Kielholen. Halt, nicht alles, was sich auf Kiel reimt, ist auch ein waschechter Kieler. Die Kieler Sprotten werden heute hauptsächlich in Eckernförde hergestellt. Der Kieler Anzug, jenes traditionelle Bekleidungsensemble für Matrosen der deutschen Marine, in das man früher allzu gern kleine Buben steckte, ist schon eher mit Ostseewasser getauft. Der Kieler Yacht-Club (KYC) ist auf jeden Fall ein feinstgeborener Kieler, der bis 1919 noch ein «Kaiserlicher» war. Das Kielholen, die barbarische Seemannsstrafe auf alten Kauffahrern, hat zwar auch etwas mit der «christlichen» Seefahrt zu tun, soll aber bekanntlich nicht von den Kielern erfunden sein.

Nun sind wir beim Thema. Kiel, das bedeutet erst einmal: Schiffe, Schiffsliebhaber, Matrosen und Matrosenliebe, die «graue Dampfschiffahrtsgesellschaft» (Bundesmarine), Großsegler und Olympiateilnehmer. Obwohl sich Kiel nie zu einer wirklich schönen Stadt gemausert hat, die heimliche Hauptstadt der Segler ist sie seit langem. Die «Kieler Woche», deren Geburtsstunde am 23. Juli 1882 schlug, ist zwar auch ein bißchen Volksfest, bleibt aber in erster Linie die Zeit der weißen Segel und bunten Spinnaker. Wer auf den Außenbahnen der Förde gewinnt, darf mit höheren Weihen rechnen.

Bereits zweimal kämpfte in Kiel die Weltelite um Gold, Silber und Bronze bei den olympischen Segelregatten. Nachlaß der Spiele sind der Olympia-Hafen von 1936 vor dem KYC mit dem Ambiente der Gentleman-Segelei und der Hafen Schilksee. In Schilksee, wo 1972 die olympischen Segelwettbewerbe ausgetragen wurden, fühlt sich nach anfänglicher Meckerei das Seglervolk recht wohl. Er ist inzwischen zu einer modernen Marina umfunktioniert, die alles bietet, was für Fahrten- und Regattasegelei so von Nöten ist: Segelmacherei, Sportausrüster und Einkaufsläden für das Bunkern von Lebensmitteln für Wochenendabstecher in die dänische Südsee oder für Sommertörns gen Finnland und Norwegen. Das schönste Schiff übrigens, das mit dem Heimathafen

«Kiel» am Heck als Botschafter der Bundesrepublik Deutschland durch die Weltmeere pflügt, ist die 1958 in Dienst gestellte Bark «Gorch Fock», das weiße Segelschulschiff der Bundesmarine.

Segeln und Kiel, das heißt auch Prominenz an Bord. Die Yacht «Germania» der Krupp-Stiftung steht im Vereinsregister des KYCs. Kaiser Wilhelm II. liebte Kiel. Denn Ihre Majestät und sein Bruder Prinz Heinrich (der mit der Mütze) haben das Segeln nicht nur gefördert, sondern waren selbst begeisterte Anhänger des Sportes. Der Kaiser fühlte sich an Bord seiner Yacht «Meteor», unter dem Gebirge von 624 Quadratmetern Tuch, am wohlsten. Ironie des Schicksals: Auf der «Meteor» in Kiel erreicht den Marinefan auch die Meldung von der Ermordung des österreichischen Thronfolgers. Wenig fröhliche Zeiten kündigen sich an.

Aber werfen wir zunächst noch einen Blick weiter zurück. Kiel und sein Hafen haben in der Geschichte lange im Schatten anderer Städte nur eine Statistenrolle gespielt. Dabei waren die Voraussetzungen denkbar günstig. Im Jahre 1224 gründete Graf Adolf IV. von Schauenburg und Holstein auf einer 17 Hek-

8
G 3

Bei den historischen Segelregatten während der „Kieler Woche“ begegnen sich Schiffe jeder Größe und Bauart

Seeleute und „Sehleute“ aus aller Welt

tar großen Halbinsel die heute eine halbe Million Einwohner zählende Stadt. Ursprünglich hieß sie «Tom Kyle» (zum Keil). Auf der Halbinsel schützte die Ansiedlung von drei Seiten die See, die einzige offene Landflanke war durch Sümpfe unzugänglich. Das tiefe Wasser der Förde eignete sich hervorragend für eine große Hafenanlage. Trotzdem konnte sich Kiel nicht recht entwickeln. Denn im Mittelalter blieb Lübeck unangefochten die Königin der Hanse. Im 16. und 17. Jahrhundert lief Hamburg als Umschlagplatz des Nordens allen Ostseestädten den Rang ab. Kiel verweilte rund 600 Jahre in Lee des historischen Geschehens.

Zwar zog die Gründung der Christian-Albrecht-Universität geistige Elite nach Kiel, in deren Folge die Stadt auch zum Zentrum der schleswig-holsteinischen Erhebung gegen die Kopenhagener Vormundschaft in der Mitte des 19. Jahrhunderts wurde, aber endgültig wachte sie erst aus ihrem Dornröschen-

Ein stiller Bootssteg am Westensee lädt ein zum Träumen und Verweilen

schlaf auf, als sie preußisch und ins Deutsche Reich eingegliedert wurde.

Nun ging es Schlag auf Schlag: 1865 ließ das preußische Kabinett seine damalige Mini-Flotte von Danzig nach Kiel verlegen. 1867 erhielt Kiel den pompösen Namen Kriegshafen des Norddeutschen Bundes und 1871 Reichskriegshafen. Mit dem Bau des Nord-Ostsee-Kanals und dem allgemeinen industriellen Aufschwung des Reiches vervierfachte sich bis 1900 die Bevölkerung auf 108000 Einwohner. Die Stadt zahlte für das rapide Wachstum ihren Tribut: Die Architektur war zweckmäßig, aber alles andere als schön.

Damals drehte sich fast jedes Rad an der Förde um des Kaisers gefährliches Riesenspielzeug, die Kriegs-Marine. Um die Jahrhundertwende hatten 23 Marine- und Militärverwaltungsbehörden hier ihren Sitz. Wirtschaftlich war die Stadt fast total abhängig von der Marine. Dafür mußte man später zahlen: 1918, als die Flotte an die Alliierten abgeliefert werden mußte, kehrte Not und Elend in Kiel ein, und im Zweiten Weltkrieg war die Stadt Ziel zahlreicher Luftangriffe, die 28000 Tote forderten. Wertvolle Kulturdenkmäler, wie zum Beispiel das Rathaus von 1596, wurden ebenfalls im Bombenhagel vernichtet.

Schiffe beherrschen heute wieder das Bild der Förde. Von zunehmender wirtschaftlicher Bedeutung ist dabei der Fährverkehr nach Skandinavien. Täglich laufen die Jumbo-Fähren aus Schweden und Norwegen die Kais am linken Fördeufer an. Der Nord-Ostsee-Kanal ist immer noch die meistbefahrene Wasserstraße der Welt. Die großen Schleusenanlagen in Kiel-Holtenau sind genauso Touristenattraktion wie jene in Brunsbüttel. Der Regierungssitz am Düsternbrooker Weg wirkt äußerlich zwar wenig repräsentativ, aber ist für die Stadt ein Segen, hat er doch viele Arbeitsplätze in der Verwaltung nach sich gezogen.

Wer nun Kiel in Richtung Westen verläßt, wie es die Eider tut, der sollte Handtuch und Badezeug nicht vergessen. Denn im 25000 Hektar großen «Naturpark Westensee» kommen Sportler, Vogelfreunde und Frischluftfanatiker auf ihre Kosten. Auch an die Angelrute sei gedacht. Aale, Barsche und Hechte gedeihen in der Eider und den vielen Seen prächtig. Festes Schuhwerk gehört ebenfalls ins Gepäck, denn im Naturpark kann man auf 30 gut ausgeschilderten Wegen wandern.

Und die Schlösser! Die alten schleswig-holsteinischen Adelsfamilien, wie die Ahlefeldts, Brockdorffs, Rumohrs, Rantzaus und Reventlows, haben sich dieses schöne Fleckchen Erde auserkoren, um mit zierlichen oder wuchtigen Herrenhäusern ihrer Baulust zu frönen: Schierensee, Deutsch-Nienhof, Emkendorf, Bossee, Klein-Nordsee, Kluvensiek, Osterrade, Quarnbek und Marutendorf. Die meisten haben sich sogar einen Abschnitt der Eider auf privatem Grund und Boden reserviert.

Mit den Wechselfällen des Schicksals auf diesen Gütern und Herrenhöfen in Schleswig-Holstein hat sich Henning von Rumohr in seiner mehrbändigen Untersuchung beschäftigt. Ein kulturgeschichtliches Kaleidoskop der Herrenhäuser und Schlösser und ihrer Eigentümer wird uns gezeigt. Wir können – abgesehen von einigen Tagen des «Schleswig-Holstein-Musikfestivals» auf einzelnen Gütern – nur Zaungäste sein, da die überwiegende Mehrheit der Güter bis zum heutigen Tage noch in Privatbesitz ist.

Gut Schierensee, mit enormen Aufwand restauriert, gehört heute den Erben Axel Springers. Die britische Königin besichtigte hier vor einigen Jahren nicht nur das Haus, sondern auch die Pferdezucht,

Gut Schierensee am Westensee

und die Witwe des Verlegers veranstaltet auf Schierensee glanzvolle Feste. Gut Deutsch-Nienhof bleibt der Öffentlichkeit ebenfalls verschlossen. Allerdings kann man von der Straße das Herrenhaus betrachten. Das ehemalige Gut Klein-Nordsee dient als Reiterhof. In Osterrade soll ein romantischer Golf- und Country-Club entstehen.

Das wohl bedeutendste der «Schlösser» am Westensee ist Emkendorf, einst «Musenhof» oder «Weimar des Nordens» genannt. Diese Epoche ist eng verknüpft mit den Namen Julia und Fritz Reventlow. Der junge Graf begann im Jahre 1791 sein heruntergekommenes Erbe neu zu gestalten. Jahrelang wohnte der Schloßherr zusammen mit seiner geduldigen Frau, einer Tochter des früheren preußischen Heereslieferanten und später superreichen, dänischen Schatzmeisters Heinrich Carl Graf Schimmelmann, während des Umbaus in zugigen, unfertigen Räumen. Trotzdem hielt man Hof. Klopstock und Matthias Claudius – er soll hier sein Gedicht «Der Mond ist aufgegangen» geschrieben haben – waren zu Gast. Die Philosophen Jacobi und Feuerbach sowie viele Kieler Professoren wurden oft geladen. Aber auch den Emigranten, die vor den Wirren der Französischen Revolution flüchteten, gewährte man großzügig Asyl. Emkendorf galt als Pflegestätte des deutschen Geisteslebens und Nationalbewußtseins.

Die «Lieblingskinder» der kunstsinnigen, etwas schwärmerischen Gräfin aber waren die Negersklaven auf den Plantagen ihres Vaters und ihrer Brüder in Westindien. Daß Dänemark als erster Staat den Sklavenhandel verbot, soll ein Verdienst Julia Reventlows gewesen sein, die ihren Bruder in Kopenhagen beschwor, alles nur Erdenkliche für die «armen Neger» zu tun.

Der helle, streng gegliederte, klassizistische Bau ist von alten Scheunen und Wirtschaftsgebäuden umrahmt. Bei den Führungen und Schloßkonzerten kann man das Herrenhaus aus nächster Nähe in Augenschein nehmen, und die Atmosphäre des Musenhofs von Julia und Fritz Reventlow nachempfinden. Sie ließen das Haus von dem Italiener Anselmo Pellicia ausmalen. Das geschah nicht von ungefähr. Denn der Graf und seine wohlhabende Frau hatten, wie es in der zweiten Hälfte des 18. Jahrhunderts zum guten Ton des europäischen Adels und des aufstrebenden Bürgertums gehörte, lange Zeit im Land südlich der Alpen gelebt und eine Vorliebe für antike und pompeianische Ornamentik entwickelt.

Weniger glanzvolle und friedliche Zeiten herrschten am Westensee bis ins 14. Jahrhundert. Wo heute der Frosch sein friedlich-monotones Konzert anstimmt, saßen Raubritter und lauerten auf fette Beute: Schiffe aus Flandern und Holland fuhren die Eider bis zum Westensee hinauf und löschten ihre Ladung in Flemhude, Hohenhude und im Ort Westensee. Erst im Jahr 1346 zerstörten die Schauenburger Grafen zusammen mit den Truppen der Lübecker Kaufmannschaft die üblen Raubnester am See und sorgten für Landfrieden.

Die damals bedeutenden Handelsplätze am Westensee sind heute Ausflugsorte. In Flemhude, dem «Stapelplatz der Flamen» schaut man sich die barock-veränderte, aber bereits 1240 erbaute Mauritiuskirche an. In Achterwehr, gelegen auf einer Anhöhe über dem Tal der Eider, die hier den Westensee verläßt, die zahlreichen Reetdachhäuser. Im Dorf Westensee – der Name entstand aus der Formulierung Ort im «Westen des Sees» – besucht man die St. Catharinenkirche, deren Mittelteil von 1250 stammt. Und am Enkendorfer Weg wirft man vielleicht noch einen Blick in die «Westenseer Töpferstube».

Vom Oberlauf der Eider heißt es nun Abschied zu nehmen: Wenige Kilometer nördlich des Westensees verschwindet er als Wasserzufluß im Nord-Ostsee-Kanal.

Drei Gewässer auf einen Blick: Flemhuder See, Eider und Nord-Ostsee-Kanal treffen zusammen

Bei Nübbel verläuft nur eine Straße zwischen Eider und Nord-Ostsee-Kanal

Die Kanäle – dicke Pötte und kleine Kähne

Alle, die Wikinger, Holsteiner, Schleswiger und die Dänen träumten von einem tiefen Graben quer durchs Land, damit ihre Schiffe bequem und gefahrlos von einem Meer ins andere fahren könnten. Aber es sollte jahrhundertelang ein Wunsch bleiben. «Um Skagen» hieß die wenig einladende Alternative. Und dort an der Wind und Wetterecke zwischen Nord- und Ostsee lauern unberechenbare Kreuzseen und Untiefen. Die Kaufleute bangten stets im Stillen schon um ihre Fracht, wenn nur die Stichworte «Skagen» und «Jammerbucht» fielen. Kapitän und Mannschaften machten diesen Törn nur im Sommer ohne Bedenken. Die Seekarte der Jammerbucht zeigt, daß es sich um einen veritablen Schiffsfriedhof handelt, wo während der vergangenen Jahrhunderte Tausende von Seeleuten ihr Leben ließen.

Kanalfähre von Sehestedt

Die Wikinger, obwohl als rauhbeinige Seefahrer bekannt, kamen nach und nach zur Einsicht, daß friedlicher Handel einträglicher ist als Raub und Totschlag: Sie fuhren die Schlei hinauf, zogen Schiff und Ware auf einer Art Bohlenweg über den Geestrücken zwischen Schleswig und Hollingstedt und hatten von hier ab wieder eine Handbreit Wasser unter dem Kiel. Vom Schwesterfluß Treene aus in die Eider bis hin zur Nordsee ließ sich gemächlich rudern oder segeln.

Eine ähnliche Route fuhr später das seefahrende Völkchen flämischer Abstammung, die sich im Mittelalter im Lande angesiedelt hatte. Auch diese Flamen benutzten die Eider als willkommene Wasserstraße. Bis in das Westenseegebiet drangen sie auf der Eider mit ihren Schiffen vor. Dann mußten einige Hügel mit Sack und Pack zu Fuß genommen werden, bis man endlich die Levensau erreichte. Der kleine Fluß existiert heute nicht mehr. Er verschwand später im Bett des schleswig-holsteinischen Kanals, führte einst aber direkt nach Kiel.

Es gab Dutzende von Plänen und Projekten, eine künstliche Wasserverbindung zwischen Nord- und Ostsee herzustellen. Die Stadt Hamburg scheiterte im 16. Jahrhundert mit ihrem Alster-Beste-Projekt. Der dänische König Christian III. wollte etwa zur gleichen Zeit die Landenge zwischen Kolding und Ribe durchstechen. 1571 schlug Herzog Adolf von Gottorp vor, einen Kanal zu bauen von der Eider zur Kieler Förde. Aber niemand hörte auf ihn.

Selbst der Kaiserliche Generalissimus Albrecht Wallenstein überlegte 1628 in Rendsburg: Wie könnte ich meine Truppe am schnellsten in die Nordsee verlegen? Durch einen Kanal! Als er seinen Hut nahm, der «General des Baltischen und Ozeanischen

Meeres» (so sein Titel), mehr oder minder von der Wiener Hofkamarilla gegangen wurde, fielen auch diese Pläne ins Wasser.

Die nächste Kanalepisode spielte am Hof in Kopenhagen. Wieder waren es hauptsächlich strategische Überlegungen, die den Bau der Wasserstraße

Idylle am alten Eiderkanal bei Klüvensiek

Schleuse und Ziehbrücke über den Eiderkanal bei Kleinkönigsförde; schwere Zahnräder bewegen die Schleusentore

zwischen den Meeren nahe legten. Die Dänen, die noch nicht den Traum von der nordischen Großmacht aufgegeben hatten, wollten sicherstellen, daß sie ihre Truppen schnell von der Nord- in die Ostsee und umgekehrt verlegen konnten. Erneut diskutierte man die unterschiedlichsten Streckenführungen: Tondern – Flensburg, Husum – Eckernförde, Elbe – Stör – Plöner See – Schwentine – Kieler Förde, Husum – Schleswig. Aber auch Husum – Friedrichstadt – Hollingstedt – Schlei war im Gespräch. Doch all diese Projekte erwiesen sich als im 17. und 18. Jahrhundert technisch undurchführbar und letztendlich kaum finanzierbar.

Schließlich entsann man sich wieder des Flusses, der fast von einem Meer zum anderen reicht: der Eider. Sie beabsichtigte man zu begradigen, zu vertiefen; und von Rendsburg bis Holtenau wollte man einen richtigen Kanal bauen, der nur 34 Kilometer lang sein sollte. Bei 3,5 Meter Wassertiefe sollten Schiffe bis zu 300 Tonnen den Kanal befahren können.

1776 läßt die deutsche Kanzlei in Kopenhagen die Herrichtung der Passage beginnen: Mit neuartigen «Muddermaschinen», die eigens zu diesem Zweck konstruiert wurden, wird die Eiderfahrrinne vertieft. Ein Jahr später fängt man bei Holtenau mit dem Kanalbau an.

Schon während der frühen Bauphase macht das Projekt Furore: Politiker, Ingenieure, Kaufleute und Kapitäne stellen sich als neugierige Zaungäste ein. Der Kanal wird bei seiner Einweihung das zur damaligen Zeit größte ingenieurtechnische Bauwerk seiner Art darstellen. Und gleichzeitig – das wissen ihrerseits bereits die Planer – wird er bereits veraltet sein. Denn die industrielle Revolution schritt mit Siebenmeilenstiefeln voran. Die Größe der Seeschiffe nahm von Jahr zu Jahr zu. Je gewaltiger ihre Dimensionen, desto mehr Tiefgang war zu berücksichtigen. In aller Stille wurde die 180 Kilometer lange Passage

Die feierliche Grundsteinlegung zum Nord-Ostsee-Kanal bei Kiel am 3. Juni 1887

Unten: Baustelle der Prinz-Heinrich-Brücke bei Holtenau

von Kiel-Holtenau bis zur Eidermündung 1784 eröffnet. Aber die Route um Skagen war trotz der viel kürzeren und ungefährlicheren Fahrt durch den «Schleswig-Holsteinischen Kanal» keineswegs vom Tisch. Die großen Frachter mußten wegen ihres Tiefgangs weiterhin den Weg um die nördliche Spitze Jütlands wählen. Und auch die Kapitäne und Eigner kleinerer Segler mußten bei ihrer Entscheidung für den einen oder anderen Weg viele Faktoren berücksichtigen. Denn noch befinden wir uns im Zeitalter der Segelschiffe. Sie sind abhängig von der jeweiligen Brise. Die Eider hinauf und hinab mußte gesegelt werden. Das Kanalstück hingegen war zeitlich berechenbar: Notfalls konnte getreidelt werden.

Zurück in die Gegenwart: Segeln auf der Eider – mit der Jolle ein Vergnügen, mit dem Dickschiff eine Qual. Zwar ist die Eider schon mal, wie bei der Schleife von Süderstapel, 300 Meter breit. Aber hier muß man die flachen Strände, die Schilfgürtel abziehen. Für das Aufkreuzen derartiger Strecken bleibt selbst an diesen breiten Stellen wenig Raum. Man kann sich auch heute noch ganz genau vorstellen, wie mühsam die berufliche Eidersegelei gewesen sein muß. Da konnte es passieren, daß Schiffer tagelang vor Anker liegend auf den erlösenden, günstigen Wind warten mußten. Und wie lange wehte er aus der richtigen Richtung? Die zahlreichen Kurven, Mäander und Schleifen, die die Eider vollführt, bedürfen wechselnder Windrichtungen, wenn ein Schiff in Fahrt gehalten werden soll.

Betrachtet man die heutigen Freizeityachten mit ihrer ausgefeilten Technik, und vergleicht sie mit den behäbigen Kähnen und Ewern des 18. und 19. Jahrhunderts, dann sind die Segeleigenschaften höchst unterschiedlich: Die schnittigen Formen des Rumpfes und die Hochtakelung ermöglichen heute noch Kurse bis zu 20 Grad am Wind. Damals aber: dickbäuchige Frachter, vollgeschüttet mit Getreide, Steinen oder Hölzern. Nur mit Mühe legten sie sich bei der Wende «von einer Backe auf die andere». Da konnte so eine Kanalfahrt schier eine ganze Ewigkeit dauern.

Selbst jetzt sieht man nur hin und wieder größere Segler auf der Eider (groß ist übrigens ein sehr relativer Begriff. Die Großsegler des vergangenen Jahrhunderts waren über 100 Meter lang. Die größeren Freizeitsegler vermessen ab fünf/sechs Meter. Allerdings sind 20 Meter Länge über alles keine Seltenheit). Trotzdem, für Kielboote ist das Eiderrevier zu eng.

Mäßig, aber regelmäßig wird der Eider-Kanal in den ersten Jahren genutzt. Bis 1790 fahren jährlich knapp tausend Schiffe durch die Wasserstraße. 1803 zählt man bereits 3000 Einheiten. Im 19. Jahrhundert setzt nun die große Expansion der Schiffahrt ein: Die Rad- und Schraubendampfer kommen. Ihr gewaltiger Vorteil: Sie sind unabhängig vom Wind und können daher jeden Kanal zügig durchfahren. Aber erst unser Jahrhundert verhilft letztendlich der neuen Antriebstechnik zum totalen Durchbruch.

Die Güterarten, die damals via Eider und Kanal transportiert wurden, waren vielfältig: Dithmarschen schickte Gerste und Hafer nach Kopenhagen, Friedrichstadt exportierte Talg und Sohlenleder, aus Rendsburg kamen Klinker, Zement und Mühlsteine, von Bremen Schiffsgerät und Töpfergut, und die Hansestadt Hamburg war mit Zucker, Salz und veredelten Lebensmitteln dabei. Aus Petersburg und Riga erreichten Sendungen mit Flachs, Pech und Leinen die Eider. Das Königreich Schweden verschiffte Stahl, Eisen, Teer, Kalk, Tran und Soda. Damals wie heute:

Auf dem Nord-Ostsee-Kanal begegnen sich Berufs- und Sportschiffahrt auf engstem Raum

Am 20. Juni 1895 eröffnet Kaiser Wilhelm II. an Bord der Kaiserlichen Yacht „Hohenzollern" den Kanal

Die Herkunft der Güter hat wenig zu tun mit der Flagge, unter der die Ware segelt.

Schon vor knapp 200 Jahren mußten sich die Kapitäne nicht mühsam während ihrer Kanalpassage den Weg suchen. Es gab die Lotsenpflicht, die dankbar angenommen wurde. Die Eider war zwar begradigt und ausgebaggert. Das hieß allerdings nicht: Alle Sände sind beseitigt. Auch das Kanalstück bis Holtenau war nicht schnurgerade durch die Landschaft gezogen worden. Hartes Gestein hatte zu Umwegen gezwungen.

Mitte des 19. Jahrhunderts steigt die Welttonnage rapide, aber der Kanal hat noch immer treue Kunden. Dampfschlepper ziehen große Schleppverbände durch Eider und den Kanal. Aber die technische Entwicklung hat den alten Kanal in den 60er Jahren völlig obsolet gemacht. Als im Deutsch-Französischen Krieg 1870/71 selbst kleineren Torpedobooten nur mit Mühe die Durchschleusung von der Ost- in die Nordsee gelingt, sind seine Tage gezählt. Die Reichsregierung in Berlin setzt auf die Zukunft, und die lag für die Zeitgenossen auf den Weltmeeren und in der Seeschiffahrt.

Eine neue Ära bricht an: Das Deutsche Reich, als der europäische Staat mit dem größten Industrie- und Wirtschaftswachstum, baute eine große Handelsflotte und zu ihrem Schutz eine Kriegsmarine auf, für die sich Kaiser und Bevölkerung mehr und mehr begeisterten. Die beiden wichtigsten Reichskriegshäfen, Kiel und Wilhelmshafen, aber blieben ohne Verbindung. Die im Vergleich zu Großbritannien noch harmlose Flotte mußte die Route durch den Sund und rund Skagen wählen, wenn sie von der Ost- in die Nordsee wollte. Strategisch befürchtete die Marineleitung, im Ernstfall könne die Flotte durch Sperrung der dänischen Belte und des Sundes in der Ostsee festgesetzt werden – wie durch einen Korken auf der Flasche.

Am 16. März 1886 unterschrieb der greise Kaiser Wilhelm I. das «Gesetz betreffend die Herstellung des Nord-Ostseekanals.»: *«Wir Wilhelm, von Gottes Gnaden Deutscher Kaiser, König von Preußen verordnen im Namen des Reiches, nach erfolgter Zustimmung des Bundesraths und des Reichstags, was folgt: §. 1. Es wird ein für die Benutzung durch die deutsche Kriegsflotte geeigneter Seeschiffahrtskanal von der Elbmündung über Rendsburg nach der Kieler Bucht ... hergestellt ...»*

Von diesem Moment an läuft alles wie am Schnürchen. 156 Milionen Mark sollte der Bau kosten und zur «Kieler Woche» 1895 eingeweiht werden. Am Ende war es dann auch so: Keine Mark mehr als geplant wurde ausgegeben. Bei der Schlußsteinlegung am 21. Juni 1895 erhielt die Wasserstraße, während

die Monarchie und das Reich sich selbst feierten, den Namen «Kaiser-Wilhelm-Kanal».

Bevor allerdings der erste Spatenstich getan wurde, mußten 3892 Hektar Land vom Staat erworben werden. Der gigantische Erdaushub beim Bau betrug 80 Millionen Kubikmeter Boden. 9000 Arbeiter schufteten sich bei Wind und Wetter durch den Sand der Geest und die Klei der Marsch. Technische Gerätschaften standen nur in geringem Umfang zur Verfügung. Schon damals beschäftigte man Gastarbeiter. In einem Sitzungsbericht der Budgetkommission des Reichstages heißt es unter anderem: Zur Zeit werden 4600 Arbeiter beschäftigt, davon sind 1200 Ausländer. Um das Projekt innerhalb von acht Jahren planmäßig fertigzustellen, mußte teilweise nachts gearbeitet werden. Für Licht sorgten trübe Fackeln, die in 60 Meter Abständen aufgestellt wurden.

Mit nur zwei Schleusenanlagen in Kiel-Holtenau und in Brunsbüttel wurde der Kanal «schiffahrtsfreundlich» ausgelegt und konnte zügig befahren werden. Der Kanal und die Schiffahrt wurden zu einem wichtigen Motor des Wachstums der Wirtschaft und der Bevölkerung in Schleswig-Holstein. Die Entwicklung, die der Kanal in Bewegung setzte, läßt sich am besten an dem damaligen Flecken Brunsbüttel nachvollziehen:

Zu Baubeginn 1888 zählte Brunsbüttel-Eddelaker-Koog etwa 700 Einwohner. Im Jahre 1908 hatte die Bedeutung der Gemeinde durch Schleusen, Verwaltung und Schiffsprovianthändler schon erheblich zugenommen. Trotzdem zählt Oldekop in seiner Topographie die landwirtschaftlichen Betriebe noch an erster Stelle auf. Erst 1939 wird Brunsbüttel Stadt. Heute ist die Stadt einer der bedeutendsten Standorte der chemischen Industrie in der Bundesrepublik. Unter anderem haben die Bayer AG und die Texaco hier Zweigunternehmen errichtet, weil flüssige Massengüter über Elbe und Kanal preisgünstig nach Hamburg, zur Rheinschiene und nach Übersee verfrachtet werden können.

Ein Fluß wie im Bilderbuch: Die Eider schlängelt sich durch die Wiesen bei Hamdorf

Besonders am Wochenende drängeln sich die Schiffe am Zwischenstau der Eider bei Lexfähre

Wer heute Brunsbüttel besucht, der kommt natürlich nicht wegen der Industrie, obwohl ein Blick von der neuen Kanalbrücke recht imposant ist. Auch die kleine barocke Jacobikirche von 1678 oder das schöne Fachwerkhaus von 1779 am Marktplatz, wo das durchaus interessante Heimatmuseum seinen Sitz hat, sind dem Fremden nicht eine Reise nach Brunsbüttel wert. Der Tourist kommt wegen der beiden Schleusen.

Von den beiden Doppelschleusen stammt die «alte» aus dem Jahr 1895 und die «neue» aus dem Jahr 1914. Letztere ist mit einer Länge von 310 Metern und einer Breite von 40 Metern doppelt so groß wie ihre ältere Schwester. Während die Schleusungszeit in der kleinen 10 Meter tiefen Kammer im Schnitt 30 Minuten beträgt, dauert sie bei der größeren, etwa 14 Meter tiefen Kammer eine dreiviertel Stunde.

Die passierenden großen Pötte und kleinen «Mudel» stammen aus allen Schiffahrtsnationen. 1986 zählte man insgesamt 91 verschiedene Flaggen. Gut 45000 Schiffe benutzen Jahr um Jahr die künstliche Wasserstraße. Das ist ein Durchschnitt von 128 Schiffen am Tag. Nicht mitgezählt sind die Sport- und sonstigen Kleinfahrzeuge. Dabei ist gerade für die Tourensegler der Nord-Ostsee-Kanal das wichtigste Bindeglied zwischen Elberevier und dänischer Südsee. Im Frühjahr und im Herbst drängen sich die Segler, die von Schleusenmeistern und Verwaltungspersonal in der Regel ruppig und rüde behandelt werden, in den Schleusen: Vom Winterquartier zum Sommerliegeplatz oder umgekehrt geht die Reise. Ein Wochenende dauert die Fahrt. In Rendsburg im freundlichen Yachthafen im alten Eiderarm wird über Nacht festgemacht, vor der idyllischen Schleuse des Gieselau-Kanals das Mittagessen verzehrt und in Brunsbüttel noch auf der Kanalseite wieder übernachtet. Wer hier zum ersten Male zu schlafen sucht, fühlt sich wie in einem U-Boot: Das Schlagen und hochfrequente Sirren der Schiffsschrauben – verstärkt durch das Wasser – dröhnt und vibriert gegen die Yachtrümpfe. Das

Wie in Holland: Segelschiffe fahren „über Land“

sind unheimliche Geräusche für Erwachsene, geschweige denn für kleine Kinder.

Der Bau des «Kiel-Canals», wie er im internationalen Sprachgebrauch genannt wird, war ein glücklicher Wurf. Zwar war die militärische Bedeutung nie so hoch wie erwartet, aber als schnelle Verbindung für die Handelsschiffe erfüllt die heute nach wie vor am stärksten befahrene künstliche Wasserstraße der Welt ihren Zweck. Schiffe bis zu einer maximalen Länge von 235 Metern und einer Breite von 32,5 Metern und einem Tiefgang bis zu sieben Metern können ihn benutzen. Der maximale Tiefgang von Schiffen geringerer Abmessung ist 9,5 Meter.

Im Kanal gilt die Regel: Größere Schiffe haben Wegerecht. Dicke Pötte können sich nur an den Ausweichstellen begegnen. Um diesen Großverkehr zügig und reibungslos abzuwickeln, werden die Kanallotsen über Funk von den Verkehrslenkungsstellen in Brunsbüttel und Kiel-Holtenau dirigiert. An den Ausweichstellen, den Weichen, wird obendrein per Lichtsignal grünes oder rotes Licht für die Weiterfahrt gegeben.

Die Kanallotsen, sämtlich Kapitäne auf Großer Fahrt (A 6), beraten die Schiffsführung bei der Passage auf der 98,6 Kilometer langen Strecke. Bei Nübbel, einem kleinen Ort westlich von Rendsburg, ist Lotsenwechsel. Der Holtenauer steigt aus, der Brunsbüttler steigt ein und umgekehrt, je nachdem, ob das Schiff von der Ostsee zur Elbe oder in die Nordsee sowie von der Elbe in die Ostsee will.

Der Kanal erfüllt ganz nebenbei auch noch andere Aufgaben: Er entwässert ein Gebiet von 1580 Quadratkilometern. Und wenn es besonders stark geregnet hat, fließen in den Nord-Ostsee-Kanal 500 bis 600 Kubikmeter Wasser pro Sekunde. Das entspricht der Wassermenge, die beim Rheinfall von Schaffhausen herabstürzt.

Café mit Blick auf die Eider und Schleusenbrücke von Lexfähre (unten)

Die Untereider –
Geest, Grachten und Garnelen

In Rendsburg trennen sich Ober- und Unter-Eider

In und um Rendsburg zunächst Verwirrendes: Alte Eider, ehemalige Eiderseen, tote Arme des Flusses – überall Relikte des Flusses. Aber das Fließgewässer spürt man vorerst nicht auf. Beim Bau des Nord-Ostsee-Kanals ist der Flußlauf in zwei unabhängige Abschnitte geteilt worden. Man hätte Ober- und Unterlauf andere Namen geben können. Aus Tradition und weil beide im alten Flußbett fließen, tragen sie weiter den Namen Eider.

Rendsburg ist so etwas wie der natürliche Mittelpunkt Schleswig-Holsteins. Auf der Grenze zwischen ewig-vereinten, aber häufig geteilten Landen gelegen und andererseits mitten im Land zwischen den Meeren. Land- und Wasserstraßen kreuzten und kreuzen sich. Der alte Ochsenweg von Jütland an die Elbe führte an der Stadt vorbei. Die Rendsburger verdienten ihren Teil des jährlichen Ochsengeschäfts durch Wegzoll an der Eiderfurt. Die Transporte der Handelsschiffahrt, zunächst über die Eider, später durch die Kanäle passieren ebenfalls die Stadt.

Gegründet wurde der Ort auf der strategisch günstig gelegenen Eiderinsel, von der aus die von Nord nach Süd verlaufenden Handelswege überwacht werden konnten. Der 1199 als «Reynoldsburch» zum erstenmal erwähnte Flecken, erlangte im 13. Jahrhundert Stadtrecht. Beginnend 1536 wurde Rendsburg in mehreren Phasen zu einer Festung ausgebaut, die allerdings nicht immer hielt, was sie versprach. Der Kaiserliche Generalissimus Wallenstein nahm die Stadt 1627 ein. Vier Jahre vor Ende des Dreißigjährigen Krieges knackten die Schweden 1644 den Verteidigungsriegel. 1868 schleifte man alle Festungsbauten. Der alte Eiderkanal und der Nord-Ostsee-Kanal verhalfen Rendsburg zu einer, wenn auch bescheidenen, wirtschaftlichen Blüte.

Heiligengeist-Stift in Rendsburg

Eine der Rendsburger Schiffswerften

Die berühmte Eisenbahnbrücke von Rendsburg, eine Stahlkonstruktion aus dem Jahre 1913

Mit seinen über 30 000 Einwohnern ist Rendsburg heute eine recht gemütliche Stadt. An Sonnabenden belebt sich der Altstädter Markt, der von historischen Gebäuden gesäumt ist. Kohl, Krabben und Katenschinken werden an den Mann beziehungsweise die Frau gebracht. Segler, die auf ihrem Weg durch den Kanal an die Ostsee oder an die Nordsee in Rendsburg Station machen, kaufen frische Brötchen für den Frühstückstisch.

Binnenländer interessieren sich weniger für das Alte Rathaus, einen hübschen Fachwerkbau von 1566, der heute Archiv und Museum ist. Sie haben nur Augen für den Kanal. Schieben sich doch dort die dicken Pötte, beladen mit den überdimensionierten Zigarrenkisten, den Containern, dicht am Ufer vorbei. Wer Glück hat, bekommt ein schnittiges Kreuzfahrtschiff zu sehen oder einen liebevoll restaurierten Oldtimer aus Windjammertagen.

Zwei Brücken schwingen sich an dieser Stelle über den Kanal. Aus Stahl und mit Millionen kräftiger Nieten bereits 1913 fertiggestellt: Die Eisenbahnbrücke. Auf langer Rampe klettern die Züge 42 Meter hoch, um auf die eigentlich nur 140 Meter lange Brücke zu gelangen. In sanften Schleifen geht es dann wieder bergab. Insgesamt sind An- und Abfahrt 7,5 Kilometer lang. An dem technischen Denkmal aufgehängt ist auch noch die Personen- und Autofähre, mit der man kostenlos von einem Ufer zum anderen schweben kann. Weniger nostalgisch, aber stark befahren, ist die Autobahnbrücke über den Kanal, die erst seit 1972 existiert. Außerdem unterquert ein Auto- und Fußgängertunnel bei Rendsburg den Kanal.

Aus der Sicht der Freizeit-Kapitäne – die gewaltige Autobahnbrücke über den Nord-Ostsee-Kanal bei Rendsburg

Eine technische Meisterleistung ihrer Zeit: die alte Kanal- Drehbrücke in Rendsburg; sie wurde 1962 nach dem Bau eines Tunnels (unten) demontiert

Weites Land am Eiderknick – Ferienparadies in Bargen

Kleine Reetdachkate am Eiderufer bei Stapelholm

An der Peripherie der Stadt finden wir die Eider wieder. Bei Nübbel versucht sie dem Nord-Ostsee-Kanal mit sanften Schwingungen Konkurrenz zu machen. Nur eine Straße trennt beide Gewässer. Hüben wie drüben haben Angler ihre Ruten ausgeworfen. Die Untereider eilt der Ruf nach, sie sei besonders sauber und fischreich. Und das, so versichert man, sei kein Anglerlatein. Allerdings, man muß zwischen Rendsburg und der Nordsee die Stellen schon entdecken, wo man im Sommer ins Wasser springen und schwimmen kann, denn Deiche, eingezäunte Weiden und militärische Sperrgebiete säumen in diesem Abschnitt die Eider.

Allee nahe Meggerholm bei der „Alten Sorge“

Rechts: Schleuse im Gieselau-Kanal

Kirche und Friedhof von Erfde

Die Gegend, durch die die Eider sich nun ihren Weg bahnt, hat Dichterherzen – nur mit einer Ausnahme – nicht höher schlagen lassen. «Schleswig-Holstein ist wie ein Schwein, es hat fette Seiten und einen mageren Rücken», schrieb ketzerisch der in Marne geborene Prediger und Schriftsteller Claus Harms. Die Geest (wörtlich übersetzt: trocken, unfruchtbar), der magere Rücken, füllte dem Bauern nicht Scheun und Faß.

Über die Region zwischen Fockbek, Nübbel und Schülp erzählt man sich folgende Geschichte: Ein Riese soll auf seinem Weg von Süden nach Norden ausgerechnet hier seine Holzschuhe, die voller Sand waren, ausgeschüttet haben. Andererseits, wenn der Boden nicht trocken ist, dann ist er zu naß: Die zahlreichen Moore speisen die Eider zwar mit ausreichend Wasser, aber auch die Schafe bekommen nasse Füße und bleiben mager. Und wo Teppiche von blaß-

Moorbauernhof im Delver Koog

violetten Wiesenschaumkräutern wachsen, sind zwar Ökologie-Freaks und naturhungrige Stadtmenschen mit sich und der Welt zufrieden, die Bauern hingegen ziehen lange Gesichter, denn dieser Boden bringt ihnen keine reiche Ernte.

Einer, der diese Landschaft liebevoll-verklärt betrachtet, war Theodor Storm: «Westermühlen. Bei diesem Wort steigt ein ganzes Wald- und Mühlenidyll in mir auf . . .», schwärmt er in seinen Erinnerungen «Aus der Jugendzeit». Das Idyll gibt es noch. Das Dorf ist heute wie damals in Busch und Baum vergraben. Aus den stormschen Eichen sind Linden und Ahörner geworden. Aber sie umdunkeln wie früher Haus und Ställe. Die alte Wassermühle ist längst außer Dienst gestellt und verfällt.

Wenige Kilometer westlich von Nübbel biegt die Eider nach Nordwesten ab und fließt nun durch die Eider-Treene-Niederung und vorbei am «Höhenzug» Stapelholm. Mit der Sorge und der Treene nimmt die Eider hier ihre beiden größten Nebenflüsse auf. Die Gegend zwischen Prinzenmoor und Friedrichstadt handeln sowohl Wassersportler als auch ruhebedürftige Großstädter als Geheimtip für erholsame Ferien.

Keine Bettenburgen wie an Nord- und Ostsee stören hier die Optik. Dafür grüßt man sich in den Dörfern noch mit dem ortsüblichen «Moin, Moin» und macht bei der Anrede keinen Unterschied zwischen Fremden und Einheimischen. Wer dabei nicht mitspielt, gilt als unhöflich. Wer allerdings im Hotel oder Gasthof übernachten will, muß in dieser Gegend kriminalistischen Spürsinn entwickeln, weil man auf Reisende mit Komfortansprüchen nicht eingerichtet ist. Mit Zelt und Wohnwagen hingegen hat man gut Lachen. An direkt an der Eider gelegenen Campingplätzen besteht kein Mangel. Auch Bootsbesitzer sind in ihrem Element. Verträumte Winkel laden zum Ankern und Verweilen ein. Die Sportboothäfen können sich durchaus mit den modernen Marinas in Nord- und Ostsee messen, nur das alles kleiner, bescheidener und romantischer ist.

Wat dem eenen sien Uhl, is dem andern sien Nachtigall: Was den Bauern nicht schmeckt, erntet höchstes Lob bei Herrn und Frau Frosch – auf den feuch-

Störche haben Bergenhusen berühmt gemacht

Prächtiger Fachwerkgiebel in Süderstapel

Blühende Wiesen im Königsmoor

ten Niederungswiesen fühlen sie sich quakwohl. Und für einen zweiten ist hier der Tisch reichlich gedeckt, denn für den Weißstorch (Ciconia ciconia) steht der quakende Wasserfreund ganz oben an auf dem Speisezettel. In Bergenhusen, dem schleswig-holsteinischen Storchendorf, nistet Meister Adebar auf vielen Dächern. Auf Wagenrädern, die der Mensch ihm als Nisthilfe anbietet, baut er seine Kinderstube. Der große Vogel (1,10 Meter hoch und 2,20 Meter Flügelspannweite) empfängt seinen Partner, mit dem er in der Regel ein ganzes Leben lang verbunden bleibt, mit lautem Geklapper auf dem Nest, weshalb er bekanntlich bei uns auch Klapperstorch heißt. Freund Adebar, der zur Familie der Schreitvögel gehört, ist für uns mehr als nur ein x-beliebiges Tier. Bringt er doch die kleinen Kinder. In Bergenhusen verspricht er obendrein noch Eheglück. Deshalb müssen hier frischvermählte Paare ihren großen Vogel mit den roten «Strümpfen» auf dem Dach sitzen haben. So will es der Brauch. Aber falls der segensreiche, fliegende Obermieter den bereitstehenden Horst nicht bezieht, greifen junge Eheleute zu einer List und hissen den Plastikstorch auf dem Dach. Und falls er viel Glück und Segen eingebracht hat, kann man das in Bergenhusen ebenfalls sehen. Erblickt ein Kind das Licht der Welt, wird auf dem Dach die Babywäsche sorgfältig drapiert.

Nicht nur in Bergenhusen, sondern auch in Süderstapel wohnt man noch unter dem Reetdach. Bei Süderstapel spricht man in Handbüchern etwas großspurig vom «touristischen Zentrum» Stapelholms. Das ist glatte Hochstapelei, obwohl Süderstapel als Ferienort durchaus zu empfehlen ist. Die Eider erweitert sich hier zu einer 300 Meter breiten Schleife,

Seltene Pflanzen gedeihen im Dellstedter Moor

Ein Naturphänomen – Sanddünen bei Süderstapel

über der hoch auf dem Steilufer – dem einzigen an den Gestaden des Flusses – der Ort und seine kleine Kirche mit dem weißen Rundturm liegt. Wer das Gotteshaus betritt, darf übrigens nicht vergessen Anwesende zu grüßen, denn darauf wird Wert gelegt. Die Dörfler schätzen ihre Kirche und gehen dort nicht nur zum Beten oder während der Gottesdienste hinein. Wenn draußen die Sonne so richtig heiß brennt (das kommt auch in Schleswig-Holstein vor), schwüle Luft die Schweißperlen ins Gesicht treibt, dann begibt man sich schon mal zur Abkühlung hinter dicke Kirchenmauern, die das Innere des Gotteshauses vor hohen Temperaturen schützen. Die Urlau-

Eines der letzten Moorgebiete an der Eider – das Königsmoor

Kühe auf den Eiderwiesen bei Friedrichsholm – daran hat sich nichts geändert

ber und die Kinder des Dorfes baden dann lieber in der Eider, die an dieser Stelle Planschbecken und riesige Schwimmarena zugleich ist: Seichtes Wasser am Ufer, zwei bis drei Meter Tiefe in der Mitte des Flusses. Angler nutzen Gewitterluft auf ihre Art und Weise, denn jetzt beißen die Fische bekanntermaßen munter. Die Jollensegler, die hier ein schönes und un-

Bootsausflug auf der Eider bei Breiholz

Ein bedeutender Erwerbszweig der Region: Milchwirtschaft in Stapelholm

gefährliches Revier vorfinden, müssen dann schleunigst das Ufer erreichen.

Ein «Museum», in dem heute noch 3000 Menschen leben, das ist Friedrichstadt, wo die Treene in die Eider mündet. Grachten, Kopfsteinpflaster, kleine niedrige Häuschen – als ob die Zeiger der Uhr vor 200 Jahren stehengeblieben sind. Lediglich der Autoverkehr ist von heute und die Touristen auch nicht von gestern. Nach Friedrichstadt verirren sich schon hin und wieder einige Bajuwaren, um die Holländersiedlung im deutschen Norden zu bewundern. Man hat sich auf die Fremden eingestellt: Grachtenfahrten, Kneipen und Restaurants werden von den Reisenden dankbar angenommen. Denn die Fremden haben es hier oben, mitten im Land, nicht leicht: In den Kneipen vergraulen die abschätzenden, schee-

Charakteristische Fenster und Türen in Stapelholm

Sie ruft seit mehr als 200 Jahren – die Bauernglocke in Stapelholm (rechts unten)

Gemütlicher Yachthafen auf der Eider in Süderstapel

Eiderschleuse Nordfeld aus der Vogelperspektive

len Blicke der Landwirte jeden, der nicht ihren Stallgeruch wie eine Aura mit sich herumträgt. Und wer gar auf kulinarische Entdeckungsreise gehen möchte, der wird mit Bockwurst und Brot sowie Gulaschsuppe aus der Tüte schnell wieder auf den Boden der Tatsachen zurückgeholt. Damit es in bierseliger Laune am Abend mit Nicht-Ortsansässigen nicht zu Verbrüderungs-Szenen kommen kann, werden frühzeitig am Abend die Bordsteine hochgeklappt. Aber seien wir gerecht, den Bauern schmeckt das Bier nur am Nachmittag, denn sie müssen hauptsächlich im Sommer frühzeitig aus den Federn, um die Ernte

Eiderdeich von Nordfeld

Turmbewehrt – die Eiderbrücke bei Friedrichstadt

einzufahren und das Vieh zu versorgen.

In Friedrichstadt ist alles etwas anders. Dort existiert ein, zwar im Vergleich zu Hamburg oder Kiel, bescheidenes Nachtleben. Und obwohl die Bustouristen und Einzelreisenden davon regen Gebrauch machen, den kleinen Ort teilweise geradezu heimsuchen, von den Ferien anderer Leute und der eigenen Geschichte kann offenbar eine Stadt nicht am Leben erhalten werden. Zahlreiche Häuschen in den malerischen Gassen stehen leer, sollen verkauft werden, aber niemand will die Puppenstübchen haben. Für Familien sind sie mit ihren drei bis vier Kammern ungeeignet. Als Feriendomizil liegen sie zu weit ab von den Stränden der Nordsee.

Ein pittoreskeres «Museum» sollte Friedrichstadt mit Sicherheit nicht werden. Der Gottorfer Herzog Friedrich III. träumte davon, an dieser Stelle eine Handels- und Weltmetropole zu gründen, deren Im- und Exportverbindungen in den Orient und nach Rußland und Nordafrika reichten. Gewürze aus Indien und persische Seide sollten hier umgeschlagen werden. Ihm schwebte am Zusammenfluß von Eider und Treene eine neue und bedeutende Konkurrenz zu Hamburg vor. Indes, die hochfliegenden Pläne waren phantastisch, aber völlig weltfremd. Der Platz lag völlig abseits der großen Warenströme von Süd nach Nord. Und außerdem ist die Eider im Verhältnis zur Elbe ein kleiner Bach.

Warum der Herzog starrköpfig an dieser Stelle für seine «Weltstadt» festgehalten hat, bleibt ewig rätselhaft. Der Platz war ohne jeden Vorteil. Im Gegenteil: Es handelte sich um ein Sumpfnest. Eider und Treene traten hier häufig über die Ufer. Herzog Friedrich verfolgte mit äußerster Hartnäckigkeit sein Ziel. Um das Feuchtigkeitsproblem zu lösen, holte er sich er-

Alles im rechten Winkel – das malerische Stadtzentrum von Friedrichstadt mit seinen Grachten, Gassen und Giebeln

Historische Bürgerhäuser recken stolz ihre Renaissance-Giebel in den Himmel

fahrene holländische Wasserbauer. Sie kamen gern, denn als Remonstranten, einer vom Calvinismus abgespaltenen Glaubensrichtung, waren sie zu Hause unerwünscht. Friedrich sicherte ihnen Religionsfreiheit zu. Aus Dankbarkeit tauften sie die Stadt auf den Namen ihres Gönners. Dort, wo die Süßwasser-Treene in die salzige Eider mündet, legten sie 1621 den Grundstein für ihr «Klein-Amsterdam».

An der idyllischen Flußgabel entstand eine Stadt mit großem Marktplatz, von dem rechtwinklig die Straßen abzweigen. Die Baukunst der Holländer hat die Zeiten überdauert. Malerische Renaissance-Gie-

In Friedrichstadt verwendete man früher statt Hausnummern schöne Reliefs

Holländisches Flair in Friedrichstadt

Katze als „Hausnummer“

Im Winter laden die Grachten zum Schlittschuhlaufen und Rodeln ein

Wasserstadt – zwischen Treene und Eider

bel säumen noch heute die Wege. Über die Grachten wölben sich alte hölzerne oder steinerne Brücken. Von den ehemals acht verschiedenen Kirchen – die Glaubensfreiheit zog Religions«flüchtlinge» wie ein Magnet an – sind lediglich drei übriggeblieben.

Für einige Monate wohnte sogar ein ganz besonderer Flüchtling in Friedrichstadt: 1796 weilte der nachmalige französische König Louis Philippe unter dem Namen «L. P. von Fries» an Eider und Treene. Die Stiche mit den französischen Motiven an den Wänden der «Holländischen Stube» erinnern daran. Die «Holländische Stube» ist nicht nur Restaurant mit lobenswerter schleswig-holsteinischer Küche, sondern auch liebevoll im Stil der Gründerväter eingerichtet. So kann man hier nun zwischen Deichlamm und Steinbutt einen Blick in den Alkoven werfen.

Aufwendig gearbeitete Tür eines Patrizierhauses

Von Friedrichstadt ist es nur wenige Flußkilometer bis Tönning, von wo in den Sommermonaten täglich mit einsetzender Ebbe eine stattliche Krabbenkutterflotte ausläuft. Mit der Flut kehren die Fischer wieder zurück. An Bord stapeln sich dann Kisten, randvoll gefüllt mit frischgekochten Porren, wie man hier an der Küste den kleinen Nordseekrebs zu bezeichnen pflegt. Noch lauwarm, frisch vom Kutter schmecken die kleinen Krabben auf jeden Fall am besten. Nur das Puhlen will gelernt sein. Für Ungeübte mit zwei linken Händen fällt der kulinarische Genuß dann sehr dürftig aus.

Tönning hat immer vom und mit dem Wasser gelebt. Die Eider fließt durch den Ort, der 1186 zum erstenmal erwähnt worden ist und 1590 das Stadtrecht erhielt. Das alte Kopfsteinpflaster auf dem Marktplatz hat leicht seine 200 oder 300 Jahre auf dem Bukkel. Der Erneuerungswahn der 50er und 60er Jahre unserer Zeit ist an ihm glücklicherweise spurlos vorüber gegangen, denn es herrschte mal wieder Ebbe in der Stadtkasse. Tönning ist keine reiche Gemeinde. Nur einmal zeigte sich für Tönning 100 Jahre lang ein Silberstreif am Horizont. Als 1784 der alte «Schleswig-Holsteinische Kanal» eröffnet wurde, ging es mit

Tönning aus der Vogelperspektive

der Stadt an der Eider wirtschaftlich bergauf. Reeder, Kaufleute und Handwerker verdienten nicht schlecht, einige von ihnen wurden sogar reich. Einen ungeahnten Boom erlebte das kleine Tönning während der von Napoleon gegen die Engländer verhängten Kontinentalsperre von 1806 bis 1813. Die Elbe war blockiert, die Schiffe konnten Hamburg nicht anlaufen. Als Ausweichhafen bot sich das zur dänischen Krone gehörende Tönning an. Im kleinen Hafen und der Stadt wurde es nun eng. Die Miet- und Grundstückspreise stiegen ins Unermeßliche, denn die Hamburger Reeder, Kaufleute und Makler eröffneten Zweigstellen in Tönning, um ihre Schiffe abfertigen zu können. Schlagartig 1813 war der Traum vorbei, und als 1895 der Nord-Ostsee-Kanal eingeweiht wurde, kehrte Stille in die kleine Stadt ein. Sie lag jetzt völlig abseits der Handelswege.

Denkmäler sind geblieben: Das alte Packhaus am Hafen, wo während der glorreichen Kanalzeit reges Leben herrschte und dessen Pendants in Kiel, sowie ein kleineres in Rendsburg stehen, ist inzwischen zum Fotomotiv degradiert. Um die ein- bis zweistök-

Eiderhafen Tönning mit Krabbenkuttern

Alter Speicher im Tönninger Hafen

Das fünftürmige Schloß Tönning,
erbaut 1581 bis 1583 für Herzog Adolf von Gottorf,
wurde 1733 abgebrochen.

kigen Giebelhäuschen im holländischen Stil im Bild festzuhalten, holen die Urlauber ebenfalls die Kamera aus der Tasche. Kulturbeflissene Reisende werfen auch einen Blick in die reichausgestattete barocke St. Laurentiuskirche. Und mit Kind und Kegel läßt man sich auf die Touristenkutter locken, wenn sie zu den Seehundsbänken fahren. Tönning ist Ferienstadt geworden, die Nordseeurlauber haben den Ort zum Ausflugsziel erkoren.

Die Schattenseiten der Ferienstadt offenbaren sich speziell im Winter, wenn die Sommersaison ihre «Kinder» entläßt, Kellner und Zimmermädchen stempeln gehn. Aber man tröstet sich hier an der Küste über derartige Wechselfälle des Lebens auf seine ureigene Art und Weise. In der kalten Jahreszeit wärmen Grog und Pharisäer Körper und Seele. Werden die Tage wärmer und länger, dann tuckert man mit dem eigenen Boot auf der Eider oder im Wattenmeer herum. Ein Schiff nämlich, auch wenn es noch so klein ist, nennt hier jeder sein eigen. Und wer in der Feriensaison nicht wieder in Lohn und Brot steht, mischt sich unter die Urlauber und geht baden.

So gemütlich geht's hier noch immer zu – Kühe auf dem Weg zur Weide

Kirche und Geschlechterfriedhof in Lunden

Mündungsdelta der Eider bei Tönning

Unter mächtigen Reetdächern: Haubarg in Eiderstedt

Dithmarscher Volkssport: Ringreiten

Die größte Sehenswürdigkeit hier am Ende des Eiderflusses – sie zieht Busladungen von neugierigen Touristen an – ist kein bißchen museal: Durch das mächtige Eidersperrwerk kann seit 1973 die Eider bei Nordseesturmfluten abgeriegelt werden. Rund 170 Millionen Mark hat das «Jahrhundertbauwerk» gekostet. Die fünf großen, 40 Meter breiten Schotten sind normalerweise geöffnet. Ebbe und Flut ergießt sich ungehindert Eiderauf- und abwärts. Schiffe laufen durch die Kammerschleuse ein und aus.

Eine Provinzposse typisch Schleswig-Holsteiner Art spielte sich nach der Fertigstellung des Eider-

Erst aus der Luft in ihrem Ausmaß zu erkennen – Landgewinnung durch Entwässerung bei Tönning

sperrwerks ab. Dithmarscher und nordfriesische Dickschädel mußten die Grenze zwischen ihren Kreisen neu festlegen. Die Situation war heikel. Die Grenze zwischen Dithmarschen und Nordfriesland verlief bis dato in der Mitte des Eiderfahrwassers. Das konnte so nicht bleiben. Denn der neue Flutschutzriegel konnte nicht geteilt und von zwei Kreisen verwaltet werden. Im Ernstfall, bei einer Sturmflut also, hätte das zu allerlei folgenschweren Mißverständnissen führen können: Wer schließt wann welche Schotten? Nach langem Palaver einigte man sich schließlich. Seitdem gehört nun das Wehr mit seinen vier Schotten zu Dithmarschen und die Schleuse zu Nordfriesland. Ein salomonisch-stoltenbergischer Kompromiß. Die Spaziergänger oben auf dem Eidersperrwerk kümmert die neue Grenzziehung herzlich wenig. Sie lassen ihre Blicke schweifen über die an ihrer Mündung schätzungsweise zwei Kilometer breite Eider, die reißend und gurgelnd in der Nordsee verschwindet; setzen die Ferngläser an die Augen, um die betonnte Fahrrinne im Wattenmeer zu verfolgen; wundern sich über die «komischen Besen», die im

Himmel, Wolken, weites Land – Salzwiesen im Katinger Watt

Erholung im frischen Seewind

Südwesten im Wasser stehen. Schmunzelnd über so viel Unwissenheit, klärt der einheimische Fremdenführer die dösigen «Südländer» auf. Es handle sich dabei um einen Priggenweg, eine Fahrrinne, die diejenigen Schiffer benutzen, die das Wattenmeer wie ihre Westentasche kennen. Und – die Priggen müssen jedes Jahr neu gesetzt werden, da Priele und Sände ihre Lage ständig verändern.

Der frische Westwind, der hier fast ständig weht, veranlaßt eine fröstelnde Gruppe Schwaben, die Aussichtsplattform des Sperrwerks im Handumdrehen wieder zu verlassen, um im Eiltempo im warmen Bus zu verschwinden. Und welche Lehren zieht man aus seinem Besuch an Nordsee und Eider. Ein blondes Schwabenmädel kommentiert das im Gespräch mit ihrem Freund so: «Also, wenn ich hier oben leben würde, dann müßte ich mir ganz kurze Haare anschaffen. Langhaarfrisuren sind bei dem Wind echt unpraktisch.»

Eine Ingenieurleistung von internationalem Rang: Der Bau des Eidersperrwerks.
Das Bild zeigt die Baustelle (1969) auf einer künstlichen Insel sowie die Gewässer und Sände der Außeneider bis zu den weißen Sandbänken von St. Peter-Ording

Zwischen den riesigen Betonpfeilern des Sperrwerks befinden sich fünf hydraulisch bewegte Fluttore, die bei Sturmfluten geschlossen werden

*Neue Technik trennt und verbindet:
Am Eider-Sperrwerk verläuft die Grenze
zwischen Dithmarschen und Nordfriesland*

Nach 184 Strom-Kilometern erreicht die Bundeswasserstraße Eider die Nordsee – ein Krabbenkutter läuft aus zum Fang

Abendstimmung im Wesselburener Watt

Benutzte Literatur

Otto Brandt/Wilhelm Klüver, Geschichte Schleswig-Holsteins, Kiel 1976

Bertelsmann Lexikothek Verlag, Deutschland – Portrait einer Nation, Band 6, Schleswig-Holstein, Hamburg, Niedersachsen, Bremen; Gütersloh 1986

dtv Merian Reiseführer, Schleswig-Holstein, München 1987[2]

Ulla Hamann, Norddeutscher Kuriositätenführer, Königstein/Ts 1984

Jürgen Jensen, Seestadt Kiel, Neumünster 1978[2]

Alfred Kamphausen, Das Schleswig-Holsteinische Freilichtmuseum, Neumünster 1986

Diethard H. Klein (Hrsg.), Schleswig-Holsteinisches Hausbuch, Freiburg i. Breisgau 1983

Landesvermessungsamt Schleswig-Holstein (Hrsg.), Topographischer Atlas Schleswig-Holstein, Neumünster 1963

Anne Leier/Ulrich Gehner, Schleswig-Holstein, Hamburg 1987

Richard Mader/Christian Jenssen, Dithmarschen und Nordfriesland, Hamburg 1979

Hans-Jürgen Müller, Hundert Jahre Deutscher Segelsport, DSV 1988

Werner Neugebauer/Nis R. Nissen, Schönes Schleswig-Holstein, Lübeck 1981[2]

Henning Oldekop, Topographie des Herzogtums Holstein, Band I und II, Kiel 1908

Hans-Peter Petersen, Führer durch Schleswig-Holstein, Wesselburen 1980[4]

Jürgen Pieplow, Von Jütland an die Elbe, Neumünster 1983

Gerd Quedenbaum, Die Eider, Düsseldorf o. J.

Gerd Quedenbaum, Sorge und Treene, Düsseldorf o. J.

Georg Quedens, Vögel der Nordsee, Breklum 1978[2]

Jürgen E. Rohde, Großer Ausflugs-Atlas Schleswig-Holstein, Ostfildern 1983

Alexander Rost, 100 Jahre Kieler Woche, Bielefeld 1982

Henning von Rumohr, Herrenhäuser und Schlösser in Schleswig, Frankfurt a. M. 1968

Henning von Rumohr, Schlösser und Herrenhäuser im nördlichen und westlichen Holstein, Würzburg 1988[2]

Jürgen Rust, Der Alte Schleswig-Holsteinische Kanal 1784–1895, Garding 1982

Johannes von Schröder, Topographie des Herzogtum Schleswig, Oldenburg i. H. 1854[2]

Hans-Hermann Storm, So war es damals: Das Leben auf dem Lande, Band 1, Rendsburg 1987[5]

Theodor Storm, Sämtliche Werke, Berlin o. J.

Walter Thiede, Wasservögel – Strandvögel, München 1979

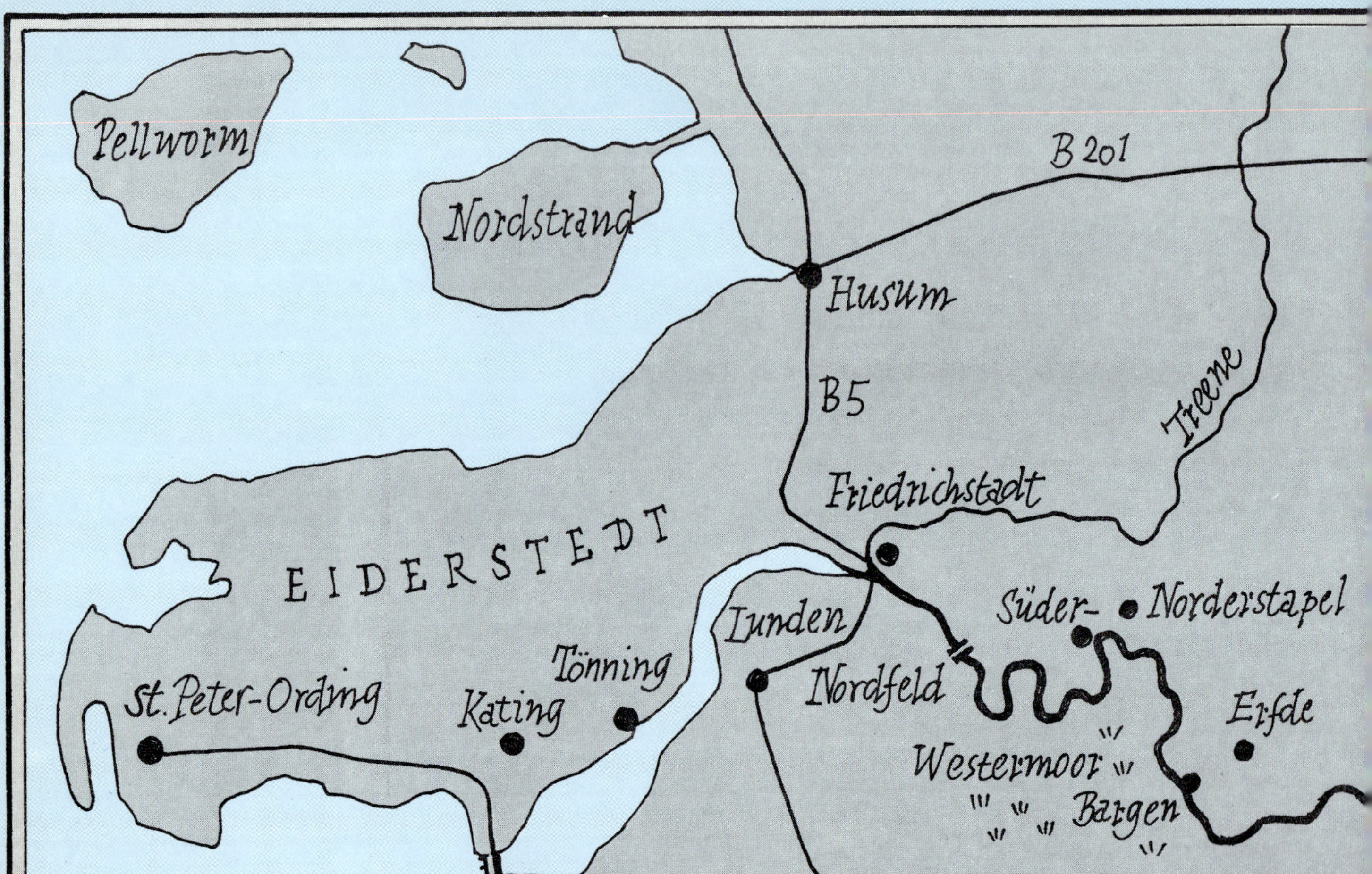

Pellworm
Nordstrand
B 201
Husum
B5
Treene
Friedrichstadt
EIDERSTEDT
Süder-
Norderstapel
Lunden
Nordfeld
Tönning
St. Peter-Ording
Kating
Erfde
Westermoor
Bargen
Eider-Sperrwerk
Außeneider
Dellstedter
Moor
Wesselburen
Heide
Gieselau-K
NORDSEE
DITHMARSCHEN
Büsum
Meldorf
B5
Trischen
Brun